AF279884

Mara von Eichen

WALDEN 2.0

WALDEN 2.0

Mara von Eichen

IMPRESSUM

Alle Rechte der Vervielfältigung, Bearbeitung und Übersetzung, ganz oder teilweise, sind für alle Länder vorbehalten. Die Autorin oder der Autor oder Herausgeber ist alleinige*r Inhaber*in der Rechte und verantwortlich für den Inhalt dieses Buches. Das Gesetz über geistiges Eigentum verbietet Kopien oder Vervielfältigungen, die für eine kollektive Nutzung bestimmt sind. Jede vollständige oder teilweise Darstellung oder Vervielfältigung, die durch ein beliebiges Verfahren ohne die Zustimmung der Autorin oder des Autors oder seinen Berechtigten oder Rechtsnachfolger*innen erfolgt, ist rechtswidrig und stellt eine Fälschung im Sinne der Artikel L.335-2 ff. des Gesetzes über das geistige Eigentum dar.

© 2025 Mara von Eichen
Verlag: BoD · Books on Demand GmbH,
Überseering 33, 22297 Hamburg, bod@bod.de
Druck: Libri Plureos GmbH, Friedensallee 273,
22763 Hamburg
ISBN: **978-3-8192-1349-6**

FSC
www.fsc.org

MIX
Papier aus verantwortungsvollen Quellen
Paper from responsible sources
FSC® C105338

Inhaltsverzeichnis

EINLEITUNG

„Wenn ihr es verbietet, werde ich es drucken; werde ich es bauen; werde ich es brauen; werde ich es züchten; werde ich es lesen; werde ich es sagen."

Diese Worte sind ein Aufruf zur unbeugsamen Haltung. Sie sprechen davon, dass Verbote niemals das Ende bedeuten, sondern erst den Anfang eines Widerstands. Ein Widerstand, der kreativ, mutig und unbeirrbar ist.

Dieses Buch ist für alle, die sich nicht verbiegen lassen wollen. Für jene, die die Freiheit suchen – nicht nur im Äußeren, sondern vor allem in ihrem Inneren. Hier geht es darum, wie du deinen eigenen Weg findest, auch wenn die Welt um dich herum versucht, ihn zu verbieten oder zu begrenzen.

Wenn du bereit bist, das Verbotene zu sagen, das Unbequeme zu denken und das Unmögliche zu wagen –
dann bist du Teil jener, die sich nicht mehr kaufen, lenken oder einschüchtern lassen.

Willkommen in der Realität.

KAPITEL 1: WENN ES VERBOTEN IST, DANN ERST RECHT

Es gibt diese Momente.
Du weißt, dass du den Mund halten sollst.
Dass du jetzt einfach nicken sollst.
Anpassen. Mitmachen. Klein sein.

Aber etwas in dir schreit: **Nein.**

Vielleicht ist es deine letzte Kraft. Vielleicht dein erster Mut.
Aber du weißt: Wenn du jetzt schweigst, stirbt etwas in dir.

Wenn es verboten ist – dann werde ich es sagen.
Wenn es gefährlich ist – dann werde ich es denken.
Wenn man dafür bestraft wird – dann weiß ich: Ich bin auf
der richtigen Spur.

Die Lüge hat System

Wir leben in einer Welt, in der Lügen in feinem Zwirn auftre-
ten.
In der Propaganda „Faktencheck" heißt und Zensur als
„Schutz der Demokratie" verkauft wird.
Die Wahrheit darf sein – aber nur, wenn sie harmlos ist.
Nur, wenn sie niemandem weh tut.
Nur, wenn sie nichts verändert.

Aber Wahrheit, echte Wahrheit, tut weh.
Sie zerschneidet das Netz aus Halbwahrheiten, Worthülsen
und Ablenkung.
Sie reißt Masken herunter.
Und genau darum wird sie bekämpft.

Das Verbotene ist kein Zufall

Hast du dich mal gefragt, **warum** bestimmte Meinungen,
Wörter, Gedanken plötzlich „extrem", „verschwörerisch" oder

„unsagbar" sind?
Es geht nicht um Moral.
Es geht um **Macht**.

Denn wer denkt, stellt Fragen.
Wer fragt, zweifelt.
Und wer zweifelt, könnte aufstehen.

Also werden Gedanken vergiftet.
Worte entkernt.
Sprache umgedreht, bis das Gegenteil darin steckt.

Aus Krieg wird „humanitäre Hilfe".
Aus Zwang wird „Solidarität".
Aus Kontrolle wird „Sicherheit".

Und aus dem Ruf nach Freiheit – ein Fall für den Verfassungs-
schutz.

Du brauchst kein Megafon

Widerstand beginnt nicht im Fernsehen.
Er beginnt in deinem Inneren.
In dem Moment, wo du nicht mehr mitmachst.
Wo du **nicht lachst**, wenn alle lachen.
Wo du **nicht schweigst**, wenn du etwas siehst, was falsch
ist.
Wo du **nicht zustimmst**, wenn alles in dir „Nein!" schreit.

Es sind die kleinen Handlungen, die große Systeme erschüt-
tern.
Der eine Bäcker, der sich weigert, mitzumachen.
Die Mutter, die ihre Kinder selbst aufklärt.
Der Rentner, der sagt: „Ich habe das schon einmal erlebt –
und diesmal mache ich nicht mehr mit."

Wenn du fühlst, dass du nicht mehr reinpasst – dann stimmt
das Gefühl

Du bist nicht „zu kritisch", „zu negativ" oder „zu unbequem".
Du bist **wach**.

Du passt nicht in diese Welt, weil diese Welt nicht mehr passt.
Nicht zu dir. Nicht zu dem, was du tief in dir fühlst.
Das ist kein Fehler – das ist der Anfang.

„Freiheit ist nie freiwillig gegeben worden von
den Herrschenden.

Sie muss erkämpft werden – mit Mut, Wut und
unbändigem Willen."

KAPITEL 2: SPRACHE ALS SCHLACHTFELD

„Wer die Sprache beherrscht, beherrscht den Menschen."
— irgendwo zwischen Orwell und heute

Es sind nicht die Waffen, die zuerst kontrollieren. Es sind die Worte.
Sie sind sanft. Harmlos. Und dann tödlich.
Ein Satz kann dir den Job nehmen. Ein Begriff dich ins Abseits stellen.
Ein falsches Wort – und du bist draußen.
So funktioniert Herrschaft heute. Nicht mit Eisenketten. Sondern mit Sprachleinen.

Sprache ist das unsichtbare Gefängnis der Gegenwart.
Und du bist drin. Ob du willst oder nicht.

Die Umprogrammierung der Begriffe

Wir wurden nicht nur belogen.
Wir wurden **umformatiert**.
Denn wenn du die Bedeutung eines Wortes veränderst, veränderst du die Realität des Denkens.

Sprache ist die Software des Bewusstseins.
Verändere die Begriffe – und die Menschen begreifen etwas anderes.

🔄 Solidarität

Einst: Freiwilliges Mitgefühl. Echtes Miteinander.
Heute: Der moralische Knüppel.

„Du bist unsolidarisch!" – wenn du eigenständig denkst.
„Zeig Solidarität!" – heißt: Gehorche.

Solidarität ist zur Uniform geworden. Und wer sie nicht trägt, ist „gefährlich".

🔄 Toleranz

Früher: Leben und leben lassen.
Heute: Totale Zustimmungspflicht.

Du darfst heute alles tolerieren – außer Abweichung.
Du musst feiern, was du eigentlich nur dulden müsstest.

> Toleranz ist nicht mehr Akzeptanz – sie ist Zwang zur Konformität im Kostüm der Offenheit.

🔄 Demokratie

Einst: Herrschaft des Volkes.
Heute: Theaterbühne mit vorgewählten Rollen.

Du darfst wählen. Zwischen dem Einen und dem Anderen, die dasselbe sagen.
Du darfst sprechen – solange es keiner hört.

> Die Demokratie, die wir heute kennen, ist die Illusion von Mitbestimmung unter vollständiger Kontrolle.

🔄 Diversität

Einst: Vielfalt der Meinungen, Menschen, Wege.
Heute: Gleichschaltung mit Regenbogenlogo.

Divergierendes Denken wird nicht gefeiert – es wird gecancelt.
Diversität heute heißt: **Alle sollen gleich aussehen, gleich denken, gleich fühlen.**
Nur in bunt.

🔄 Nachhaltigkeit

Früher: Die Erde bewahren.
Heute: Marketing-Label für den Systemerhalt.

Wenn ein Konzern „nachhaltig" ist, kannst du sicher sein:
Er hat sich ein neues Image gekauft. Und gleichzeitig weiter-geplündert.

🔄 Freiheit

Früher: Ich entscheide. Ich trage die Konsequenz.
Heute: „Du bist frei – aber bitte mit Maske, App, Abo und digitaler ID."

Freiheit ist zur Karikatur geworden.

> Du bist frei – solange du dich an alle Regeln
> hältst, die du nicht gemacht hast.

🔄 Verantwortung

Einst: Ich handle aus mir selbst heraus.
Heute: Du bist schuld, wenn du nicht tust, was man von dir erwartet.

Verantwortung wurde zur moralischen Erpressung.

> „Wenn du dich nicht impfen lässt, gefährdest du
> Oma."

„Wenn du das sagst, bist du mit Schuld an allem
Bösen."

🔄 Verschwörungstheorie

Früher: Der Versuch, Machtstrukturen zu durchleuchten.
Heute: Der moderne Prangerbegriff.

> Eine Denunziation, um Diskussion zu verhin-
> dern.

Wer heute fragt: *„Wer profitiert?"*, ist automatisch ein Spinner.

🔄 Gesundheit

Einst: Zustand von Körper, Geist, Seele im Gleichgewicht.
Heute: Verwaltungsbegriff der Pharmaindustrie.

> Gesundheit ist heute, was das Protokoll sagt.
> Du bist gesund, wenn dein QR-Code grün leuch-
> tet.
> Und krank, wenn du *nein* sagst.

🔄 Haltung

Einst: Aufrechter Charakter.
Heute: Gebückter Mitläufer mit moralischer Fahne.

Haltung bedeutet heute: Wiederhole, was gewünscht ist.
Und zeige es überall – am besten mit Logo, Hashtag und
Statement-Shirt.

Wörter als Waffen

Sie führen Krieg gegen dein Bewusstsein.
Nicht mit Panzern. Sondern mit Parolen.
Sie wollen dich weichklopfen, einlullen, verwirren.

Du sollst glauben, du bist frei – während du brav läufst.
Du sollst denken, du denkst – während du nur wiederholst.
Du sollst fühlen, du bist „gut" – solange du angepasst bist.

Das ist das neue Schlachtfeld: dein Denken.
Und der Weg hinein führt über Worte.

Rückeroberung beginnt im Mund

Du willst dich befreien? Fang an zu **sprechen**.
Mit deinen eigenen Worten.
Nicht mit den Textbausteinen aus Talkshows, Newsfeeds oder
Erklärbärseiten.

Sprich Klartext.
Sprich unmodern.
Sprich unbequem.
Sprich so, dass du dich **hörst** – und nicht nur „funktionierst".

> Denn wer seine Sprache verliert, verliert sich
> selbst.
> Wer sie zurückholt, wird wieder souverän.

Die unzensierte Sprache der Seele

Und dann ist da noch die Sprache, die sich nicht verbiegen
lässt:
Die Sprache der Seele.
Sie kennt keine Worthülsen. Keine Etiketten. Keine Angst.

Sie sagt:

> *Nein.*
> *Jetzt reicht's.*
> *Ich sehe, was ihr macht – und ich mache nicht*
> *mit.*

Diese Sprache kann man nicht canceln.
Nur zum Schweigen bringen – wenn man es zulässt.

Fazit dieses Kapitels:

**Sprache ist Macht. Und der, der sie zurückerobert,
wird unregierbar.**

KAPITEL 3: DIE SAAT DER KONTROLLE

– Wer uns füttert, vergiftet uns

„Wenn du die Kontrolle über das Essen hast,
hast du die Kontrolle über die Menschen."
— Henry Kissinger (angeblich – aber wahr genug, um es zu spüren)

Erst nahmen sie uns das Land.
Dann die Tiere.
Dann die Märkte.
Und jetzt nehmen sie uns den Samen.

Nicht im übertragenen Sinn. Ganz konkret.

Das Ende der Saatfreiheit

Es klingt harmlos:
„Zertifiziertes Saatgut", „Ertragssicherheit", „Pflanzenschutz".

Doch was dahinter steckt, ist nichts weniger als:

Die totale Kontrolle über das Leben selbst.

Denn wer den Samen kontrolliert, kontrolliert **jede Nahrungskette –**
und damit jedes Wesen, das auf dieser Nahrung beruht.
Also: **Dich. Deine Kinder. Dein Dorf. Dein Land.**

Kriminalisierung des Ursprungs

In vielen Ländern – auch hier – ist es **verboten**,
altes, natürliches, samenfestes Saatgut frei zu tauschen oder
zu verkaufen.

Du hast da ein paar alte Tomatensamen von Oma?
Du willst sie züchten, weitergeben, tauschen?

Verboten.
Du wirst behandelt wie ein Dealer.
Während gleichzeitig Monsanto & Co. ihr gen-
technisch manipuliertes Frankenstein-Futter als
Fortschritt feiern.

Der Trick mit der Abhängigkeit

Sie verkaufen dir sterile Hybride.
Die wachsen vielleicht schnell – aber du kannst den Samen
nicht mehr verwenden.

Das heißt:

Du **musst** jedes Jahr neu kaufen.
Du **musst** dich zertifizieren lassen.
Du **musst** dich anpassen – oder du bist raus.

Das ist kein Fortschritt.
Das ist ein Knebelvertrag mit Mutter Natur – zu ihren Unguns-
ten.

Was sie mit Nahrung wirklich meinen

Es geht nie um *Ernährung* – es geht um **Verwertung**.
Sie züchten nicht, was gut für dich ist.
Sie züchten, was **gut verwertbar** ist:

- gleichförmig

- lange haltbar

- billig zu produzieren

- gut zu kontrollieren

Vitamine? Geschmack? Widerstandskraft?
Nebensache. Hauptsache: **Profit & Patent.**

„Gutes" Essen – schlecht gemacht

Was früher auf dem Feld reifte,
kommt heute aus Labors, wird bestrahlt, besprüht, begast,
etikettiert, verdreht.

Die Apfelhaut glänzt – aber das Innere ist tot.
Die Erdbeere schmeckt nach Wasser.
Die Milch macht krank.
Das Brot bläht.
Das Fleisch vergiftet.

Und wir nennen es Ernährung.

Und plötzlich bist du abhängig

Wenn dein Dorf keinen Bauern mehr kennt,
wenn dein Markt nur noch Supermarkt heißt,
wenn dein Gemüse vom Großhändler kommt –
dann ist der Weg frei für die völlige Entwurzelung.

> Du isst, was sie wollen.
> Du bezahlst, was sie verlangen.
> Und wenn du nicht mehr kannst? Dann be-
> kommst du Punkte.
> Digital. Reglementiert. Dosiert.

Das ist der Plan:

Füttern statt nähren. Besitzen statt befreien.

Der neue Bauernkrieg

Weltweit sterben täglich Bauernhöfe.
Nicht weil sie schlecht wirtschaften –
sondern weil sie **nicht systemkonform sind**.

Landwirte, die selbst Saatgut züchten, regional vermarkten,
Vielfalt erhalten –
sie sind unbequem.
Sie entziehen sich der Matrix.
Deshalb werden sie sabotiert.
Verboten. Bankrottiert.

> Der neue Krieg ist nicht mehr mit Heugabeln –
> sondern mit Paragraphen, Auflagen und Sub-
> ventionspeitschen.

Und was kannst du tun?

Du kannst dich beugen – oder säen.
Du kannst konsumieren – oder kultivieren.

Denn es gibt sie:
- **Saatgutbörsen.**
- **Tauschringe.**
- **Unabhängige Höfe.**
- **Gartenrevolutionäre.**
- **FoodCoops.**
- **Permakultur-Projekte.**
- **Selbstversorgergruppen.**

> **Du bist nicht allein – aber du musst dich
> zeigen.**

Unterstütze, was leben lässt

- Kauf bei kleinen Höfen – auch wenn's ein Euro mehr kostet.

- Tausch Samen, Wissen und Wurzeln.

- Lerne wieder, wie eine Karotte schmeckt.

- Sieh dem Tier in die Augen – bevor du es isst.

- Pflanz etwas. Alles. Irgendwas.

- Und hör auf, alles billig zu wollen.
  Denn billig ist immer: **jemand anderer Preis.**

Fazit dieses Kapitels:

**Wer den Samen besitzt, besitzt die Zukunft.
Wir dürfen sie nicht kaufen – wir müssen sie zurückerobern.**

KAPITEL 4: DER WEG ZUR SOUVERÄNITÄT – DEINE RECHTE JENSEITS DER REGELN

Freiheit beginnt im Bewusstsein

Freiheit ist keine Erlaubnis, die man bekommt — sie ist ein Zustand, den du für dich selbst beanspruchen kannst.
Sie ist das Urrecht eines jeden Menschen.

Doch unser Alltag wird geprägt von Regeln und Gesetzen, die oft mehr den Interessen der Mächtigen dienen als der Freiheit des Einzelnen.

Mensch vs. „Person" – die unterschätzte Trennung

Das System unterscheidet zwischen dem natürlichen Menschen — mit all seinen unveräußerlichen Rechten — und der juristischen „Person", einer künstlichen Hülle, die verwaltet und kontrolliert wird.

Diese „Person" ist ein Konstrukt, mit dem das Rechtssystem deine Freiheit einschränkt und dich in ein System von Pflichten und Abhängigkeiten einbindet.

Gesetze sind gemacht — nicht heilig

Gesetze sind menschengemachte Regeln.
Sie dienen oft der Ordnung — doch nicht immer der Gerechtigkeit.
Sie sind Werkzeuge der Macht und können manipuliert werden, um bestimmte Interessen durchzusetzen.

Du hast das Recht, diese Mechanismen zu durchschauen und dich davon nicht einfangen zu lassen.

Souveränität heißt: Selbstbestimmung zurückerobern

Souveränität ist kein Geschenk, sondern eine Haltung:
Der unbedingte Wille, als freier Mensch zu leben, selbst über sich zu bestimmen — auch wenn das heißt, sich gegen etablierte Regeln zu stellen.

Das bedeutet nicht Gesetzesbruch, sondern das Erkennen und Nutzen von Freiräumen, die dir zustehen.

Werkzeuge für den souveränen Menschen

Der **Uniform Commercial Code (UCC)** ist ein Beispiel für ein rechtliches Instrument, das dir helfen kann, die Spielregeln des Systems zu verstehen und für dich zu nutzen.

Manche Menschen setzen bewusst auf diese und ähnliche Mittel, um sich aus der „Personen"-Falle zu lösen und ihre natürliche Souveränität geltend zu machen.

Wie kannst du das praktisch angehen?

- Informiere dich selbst, lerne die Mechanismen des Systems kennen.

- Erkenne deine Rechte als natürlicher Mensch, auch wenn sie im System oft übersehen werden.

- Nutze legale Mittel, um dich gegen unfaire Behandlung zu wehren.

- Vernetze dich mit anderen, die den Weg der Selbstermächtigung gehen.

- Bleibe mutig und klar in deiner Haltung.

Verantwortung als Basis der Freiheit

**Freiheit ohne Verantwortung ist keine Freiheit, son-
dern Chaos**.

Deine Souveränität lebt von der Balance:
Eigenverantwortung, Respekt vor anderen und das Bewusstsein für die eigenen Grenzen.

Fazit

Du bist mehr als eine „Person".
Du bist ein freier, souveräner Mensch.
Und du hast die Kraft, deine Rechte zu kennen, zu schützen
und zu leben — unabhängig von den Regeln, die andere für
dich gemacht haben.

KAPITEL 5: FREIHEIT & VERANTWORTUNG IN DER PRAXIS

Freiheit ist kein Freibrief – Verantwortung ist der Schlüssel

Freiheit klingt für viele wie grenzenlose Freiheit — das tun und lassen, was man möchte. Doch echte Freiheit ist mehr als das: Sie ist untrennbar verbunden mit Verantwortung. Verantwortung für dich selbst, deine Entscheidungen, aber auch für die Menschen um dich herum und die Welt, in der du lebst.

Wenn du diese Verantwortung annimmst, wirst du zur echten Souveränin oder zum souveränen Menschen — jemand, der nicht einfach nur reagiert, sondern bewusst gestaltet.

„Freiheit besteht darin, dass man alles tun kann, was einem anderen nicht schadet." – John Stuart Mill

Freiheit ohne Verantwortung ist keine Freiheit, sondern Chaos. Und das nutzt letztlich denen, die Kontrolle ausüben wollen.

Souveränität zeigt sich im Alltag

Die wahre Herausforderung der Freiheit liegt im täglichen Leben. Es geht nicht darum, laut zu schreien oder Gesetze zu brechen — sondern in den kleinen Momenten souverän zu sein:

- **Wie gehst du mit Autoritäten um?**
  Egal ob am Arbeitsplatz, bei Behörden oder im privaten Umfeld — souverän sein heißt, deine Haltung zu wahren, auch wenn Druck auf dich ausgeübt wird.

- **Wie reagierst du auf Widerstand?**
  Klar, es ist manchmal schwer, ruhig zu bleiben, wenn

einem Steine in den Weg gelegt werden. Doch genau dann zeigt sich wahre Stärke. Atme tief durch, denke nach und handle bedacht.

- **Grenzen setzen**
  Nein sagen zu können ist ein mächtiges Werkzeug der Freiheit. Lerne, deine Grenzen zu kennen und zu kommunizieren — ohne Schuldgefühle.

Beispiel: Souveränität im Behördenkontakt

Stell dir vor, du wirst aufgefordert, ein Formular auszufüllen, das du nicht verstehst. Statt sofort zu unterschreiben, fragst du höflich nach einer Erklärung oder nach einer schriftlichen Auskunft. Du bleibst ruhig, auch wenn der Sachbearbeiter Druck macht. Du notierst dir alles, was wichtig ist, und suchst bei Bedarf Rat bei einer Beratungsstelle. So schützt du deine Rechte – das ist gelebte Souveränität.

Die Macht der Sprache – klar und bestimmt kommunizieren

Souveränität drückt sich auch durch Sprache aus. Ein klares, bestimmtes „Nein" ist besser als viele Ausreden oder Verwirrung.

Vermeide Unterwürfigkeit oder aggressive Reaktionen. Stattdessen:

- **Sei höflich, aber bestimmt**

- **Formuliere klar deine Anliegen**

- **Vermeide Rechtfertigungen, die dich schwächen**

Umgang mit Behörden & Institutionen – der praktische Alltagstest

Das Zusammenspiel mit Ämtern, Behörden oder Institutionen ist für viele ein Stolperstein. Doch auch hier kannst du souverän agieren.

- **Bereite dich gut vor**
  Informiere dich vorher, welche Rechte und Pflichten du hast. Das gibt dir Sicherheit.

- **Dokumentiere schriftlich**
  Schriftliche Kommunikation schafft Nachweisbarkeit und Klarheit.

- **Bleibe sachlich**
  Emotionale Ausbrüche bringen dich nicht weiter.

- **Hol dir Unterstützung**
  Netzwerke, Experten, Beratungsstellen — niemand muss diesen Weg alleine gehen.

Die Bedeutung von Netzwerken – gemeinsam sind wir stärker

Freiheit ist kein Solo-Trip. Gemeinschaften und Netzwerke geben Halt, Wissen und Kraft.

- **Tauscht Erfahrungen aus**

- **Teilt Tipps und Strategien**

- **Unterstützt lokale Projekte und Unternehmen**

- **Organisiert Saatgutbörsen, Nachbarschaftshilfen, Solidaritätskreise**

Gemeinsam entstehen Räume, in denen Freiheit wachsen kann.

Verantwortung übernehmen – für dich und die Gemeinschaft

Souveränität ist mehr als Individualismus. Sie verbindet dich mit anderen freien Menschen in gegenseitigem Respekt.

- **Verantwortung für deine Entscheidungen übernehmen**
- **Deine Freiheit endet dort, wo die Freiheit anderer beginnt**
- **Mut zeigen, auch wenn es unbequem wird**

Dein Beispiel inspiriert andere und schafft eine Welle der Selbstermächtigung.

Praktische Tipps für den Alltag

- **Reflektiere regelmäßig dein Verhalten und deine Haltung**
- **Setze dir klare Ziele für deine Freiheit**
- **Lerne „Nein" sagen**
- **Bleibe informiert und wachsam gegenüber Manipulation**
- **Nutze legale Wege, um deine Rechte durchzusetzen**
- **Suche dir Verbündete und baue Netzwerke auf**

Fazit

Freiheit ist ein lebendiger Prozess. Sie will täglich gepflegt, verteidigt und gelebt werden.

Verantwortung ist dabei kein Hindernis, sondern der Boden, auf dem Freiheit gedeiht.

Wer seine Freiheit ernst nimmt, lebt souverän — und ist ein Leuchtturm für andere, die den Mut zur Selbstbestimmung suchen.

KAPITEL 6: DIE MACHT DER WAHRHEIT – WIE DU MANIPULATION ERKENNST UND DICH SCHÜTZT

Wahrheit – das Fundament deiner Freiheit

Wahrheit ist nicht nur ein Wort, sondern das Fundament, auf dem Freiheit ruht. Ohne Wahrheit gibt es keine echte Freiheit – nur eine Illusion. In einer Welt voller Informationen, Meinungen und Manipulationen ist es schwieriger denn je, die Wahrheit zu erkennen. Doch genau deshalb ist es deine wichtigste Aufgabe, deine Wahrnehmung zu schärfen und dich vor Täuschung zu schützen.

Freiheit ohne Wahrheit ist wie ein Haus ohne Fundament. Es wankt und fällt, sobald der Wind des Zweifels oder der Lüge bläst. Deshalb ist Wahrheit nicht nur eine abstrakte Idee, sondern ein lebensnotwendiges Werkzeug, um deine Selbstbestimmung zu bewahren.

Manipulation – der Feind der Wahrheit und Freiheit

Manipulation arbeitet subtil, geschickt und oft unbemerkt. Sie versteckt sich hinter Halbwahrheiten, emotionalen Triggern und scheinbar logischen Argumenten. Die Kunst der Manipulation besteht darin, deine Gedanken und Gefühle zu steuern, ohne dass du es merkst.

Hier sind die wichtigsten Techniken, mit denen Manipulation arbeitet:

- **Angst als Steuerungsinstrument:** Angst lähmt den Verstand und öffnet Türen für einfache, aber trügerische Lösungen. Wer Angst hat, hört weniger auf Fakten und mehr auf Panikmache.

- **Informationsüberflutung:** Ein Tsunami aus Nachrichten, Bildern und Meinungen kann deinen Geist überfordern und lähmen. So verlierst du den Überblick und gibst Kontrolle ab.

- **Polarisierung:** Menschen werden in „Wir" und „die Anderen" eingeteilt, Freund und Feind konstruiert. Diese Spaltung verhindert Gemeinschaft und macht dich leichter manipulierbar.

- **Ablenkung:** Wichtige Themen werden durch Skandale, Sensationen oder Nebenschauplätze verdrängt. So bleiben die eigentlichen Probleme verborgen.

Die Kunst der Wahrheitssuche

Wahrheit findet sich nicht auf Knopfdruck. Sie ist das Ergebnis von Arbeit, Geduld und Wachsamkeit.

- **Quellen prüfen:** Wer steckt hinter der Information? Welche Interessen verfolgt die Quelle? Gibt es unabhängige Bestätigungen?

- **Kontext verstehen:** Eine einzelne Aussage ohne den größeren Zusammenhang ist oft irreführend. Versuche, das Gesamtbild zu erfassen.

- **Eigenes Denken fördern:** Verlasse dich nicht blind auf Experten oder Medien – denke selbst, stelle Fragen und bilde dir deine eigene Meinung.

- **Geduldig bleiben:** Manchmal braucht es Zeit, bis sich Fakten klären. Nicht jede Wahrheit offenbart sich sofort.

Praxis: So schützt du dich vor Manipulation

1. Werde zum Detektiv

Beobachte Nachrichten und Informationen kritisch: Wer profitiert von dieser Botschaft? Warum wird sie gerade jetzt verbreitet? Welche Absicht könnte dahinterstecken?

2. Bleibe ruhig und reflektiert

Emotionen sind der Lieblingsspielplatz der Manipulation. Wenn du merkst, dass Angst, Wut oder Panik hochkochen, atme tief durch und nimm dir Zeit, bevor du reagierst oder Entscheidungen triffst.

3. Suche den Dialog

Sprich mit Menschen, die andere Perspektiven haben. Ein offener Austausch hilft dir, deine Sicht zu erweitern und eigene blinde Flecken zu erkennen.

4. Nutze mehrere Informationsquellen

Vertraue nicht nur einer Quelle. Vergleiche unterschiedliche Berichte, Hintergründe und Meinungen.

5. Dokumentiere deine Recherche

Notiere wichtige Fakten, Quellen und Daten. So kannst du dir selbst oder anderen deine Argumente belegen und bleibst auf dem Boden der Tatsachen.

Medien und soziale Netzwerke – eine zweischneidige Waffe

Die digitale Welt hat unsere Informationsbeschaffung revolutioniert – doch sie hat auch ihre Schattenseiten. Algorithmen filtern Inhalte und zeigen dir vor allem das, was dich emotional fesselt oder bestätigt.

Das führt zu Echokammern, in denen du nur noch das hörst, was du hören willst. Manipulative Inhalte verbreiten sich schnell und werden oft kaum hinterfragt.

Daher gilt:

- Wähle bewusst, wem du folgst.

- Verbringe nicht zu viel Zeit in digitalen Blasen.

- Kontrolliere regelmäßig deine Informationsquellen auf Qualität und Unabhängigkeit.

Wahrheit leben – mutig, klar und unbeugsam

Wahrheit ist unbequem. Sie verlangt Mut, denn sie stellt Gewohntes infrage und fordert dich heraus. Doch wer die Wahrheit lebt, öffnet sich für echte Freiheit.

Ehrlich zu dir selbst zu sein bedeutet, auch unangenehme Wahrheiten anzunehmen, Gewohnheiten zu ändern und klare Grenzen zu setzen – gegenüber dir selbst und anderen.

Zitat:

> „Die Wahrheit ist nicht nur das, was wir sehen
> wollen, sondern das, was wir manchmal nur
> schwer ertragen können." – Unbekannt

Mut zur Wahrheit – für dich und die Gemeinschaft

Die Wahrheit ist ein Geschenk, das du teilst, nicht ein Werkzeug der Anklage. Mit Respekt, Klarheit und Empathie kannst du andere zum Nachdenken anregen und so eine Gemeinschaft des Bewusstseins und der Freiheit schaffen.

Zusammenfassung und Ausblick

Manipulation bedroht die Freiheit, doch mit Wissen, Wachsamkeit und Mut kannst du dich schützen. Wahrheit ist der Anker, der dich sicher durch stürmische Zeiten trägt.

Im nächsten Kapitel schauen wir, wie du dich selbstermächtigen kannst, um unbeugsam deinen eigenen Weg zu gehen.

KAPITEL 7: SELBSTERMÄCHTIGUNG – WIE DU DIE KONTROLLE ÜBER DEIN LEBEN ZURÜCKEROBERST

Was bedeutet Selbstermächtigung?

Selbstermächtigung heißt, die Verantwortung für dein Leben bewusst zu übernehmen. Es bedeutet, dich nicht länger von äußeren Umständen, Regeln oder Meinungen beherrschen zu lassen, sondern deine innere Kraft zu erkennen und zu nutzen.

Du bist kein Opfer der Umstände, sondern Gestalter deiner Realität.

Warum ist Selbstermächtigung heute wichtiger denn je?

In einer Welt voller Zwänge, Manipulationen und Kontrollmechanismen verliert man leicht das Gefühl, selbst zu bestimmen. Doch genau jetzt braucht es Menschen, die aufstehen, ihre Stimme erheben und ihren Weg unbeugsam gehen.

Wer sich selbst ermächtigt, durchbricht Ketten und öffnet Türen zu Freiheit, Klarheit und Selbstbestimmung.

Die sieben Säulen der Selbstermächtigung

1. **Selbstbewusstsein entwickeln**
   Kenne deine Werte, deine Wünsche und Grenzen. Nur wer sich selbst kennt, kann klar handeln.

2. **Verantwortung übernehmen**
   Schiebe nicht die Schuld auf andere oder äußere

Umstände. Du hast immer die Wahl, wie du reagierst und was du tust.

3. Wissen aneignen

Bildung ist Macht. Informiere dich, hinterfrage und bilde dir eine fundierte Meinung.

4. Emotionale Freiheit

Lerne, deine Gefühle zu erkennen und zu steuern. Lass dich nicht von Ängsten oder Wut beherrschen.

5. Handeln trotz Angst

Mut ist nicht die Abwesenheit von Angst, sondern das Handeln trotz Angst.

6. Netzwerke bilden

Verbinde dich mit Gleichgesinnten. Gemeinsam seid ihr stärker und könnt mehr bewegen.

7. Standhaft bleiben

Halte an deinen Prinzipien fest, auch wenn der Weg steinig ist. Beständigkeit zahlt sich aus.

Praktische Schritte zur Selbstermächtigung

- Setze dir klare Ziele und schreibe sie auf.

- Entwickle eine tägliche Routine, die dich stärkt (Meditation, Sport, Lesen).

- Übe dich in Selbstreflexion: Was lief gut? Was kannst du verbessern?

- Lerne „Nein" zu sagen und deine Grenzen zu schützen.

- Suche dir Mentoren oder Vorbilder, die dich inspirieren.

Zitat

„Niemand kann dir ohne deine Zustimmung das Gefühl geben, minderwertig zu sein." – Eleanor Roosevelt

Selbstermächtigung im Alltag

Es sind oft die kleinen Entscheidungen, die deine Macht entfalten:

- Den Mut, ehrlich zu sein.
- Die Bereitschaft, Verantwortung zu übernehmen.
- Die Weigerung, sich manipulieren zu lassen.

So wirst du Schritt für Schritt zum Kapitän deines Lebensschiffs.

Ausblick

Im nächsten Kapitel widmen wir uns dem Thema „Widerstand und Gemeinschaft". Denn selbstermächtigte Einzelkämpfer sind stark, doch gemeinsam sind wir unschlagbar.

KAPITEL 8: WIDERSTAND UND GEMEIN-SCHAFT – GEMEINSAM UNBEUGSAM

Warum Widerstand wichtig ist

Widerstand ist nicht nur Protest oder Rebellion. Widerstand ist das bewusste Nein zu Unterdrückung, Manipulation und Ungerechtigkeit. Es ist der Ausdruck deiner Selbstachtung und deines Willens, für deine Freiheit einzustehen.

Widerstand heißt nicht, Gewalt anzuwenden oder Chaos zu schaffen. Es bedeutet, standhaft und klug für Wahrheit, Gerechtigkeit und Menschlichkeit zu kämpfen.

Die Kraft der Gemeinschaft

Allein ist der Weg schwer, doch in Gemeinschaft wird Widerstand stark und wirksam. Gemeinsam können wir Ressourcen teilen, Ideen austauschen und uns gegenseitig stärken.

- **Verbindung schafft Kraft:** Menschen, die zusammenhalten, können Systeme herausfordern, die Einzelne zerbrechen würden.

- **Vielfalt als Stärke:** Unterschiedliche Fähigkeiten, Erfahrungen und Perspektiven machen eine Gemeinschaft widerstandsfähig und kreativ.

- **Solidarität schützt:** Wenn einer fällt, helfen die anderen auf – das motiviert und sichert Durchhaltevermögen.

Wie du deine Gemeinschaft findest und stärkst

- Suche Gleichgesinnte, die deine Werte teilen.

- Organisiere oder schließe dich lokalen Gruppen an.

- Unterstütze kleine, lokale Unternehmen und Projekte.

- Teile Wissen und Ressourcen.

- Bleibe respektvoll und offen, auch bei unterschiedlichen Meinungen.

Widerstand heute – praktisch und kreativ

- **Informationsarbeit:** Teile Fakten und Wahrheiten, die andere vielleicht noch nicht kennen.

- **Kreative Aktionen:** Kunst, Musik, Theater und Humor können Türen öffnen und Herzen bewegen.

- **Konsumbewusstsein:** Unterstütze bewusst Unternehmen, die ethisch handeln.

- **Direktes Handeln:** Teilnahme an Zusammenkommen, Petitionen oder friedlichen Aktionen.

Zitat

„Alle Macht geht vom Volke aus – wenn das Volk erwacht." – Frei nach dem Grundgesetz

Was ist mit „Volk" gemeint?

Wenn wir sagen „Alle Macht geht vom Volke aus", dann sprechen wir nicht nur von der bloßen Bevölkerung eines Landes oder einer geografischen Einheit mit gesetzlich definierten Grenzen.

Das „Volk" ist viel mehr als das. Es ist die Gemeinschaft von Menschen, die bewusst Verantwortung für ihr Leben, ihre Freiheit und ihre Rechte übernehmen.

Es sind jene, die sich nicht von politischen oder wirtschaftlichen Systemen kontrollieren lassen, sondern sich zusammenschließen, um eine gerechtere und freiere Welt zu schaffen.

In diesem Sinne ist das „Volk" nicht auf staatliche Grenzen oder politische Konstrukte beschränkt, sondern umfasst alle, die sich unbeugsam für Wahrheit, Gerechtigkeit und Selbstbestimmung einsetzen.

Mut und Ausdauer

Widerstand ist ein Marathon, kein Sprint. Es braucht Geduld, Disziplin und den festen Glauben daran, dass Veränderung möglich ist.

Lass dich nicht entmutigen durch Rückschläge. Sie sind Teil des Weges und machen dich und die Gemeinschaft stärker.

Zusammenfassung und Ausblick

Widerstand ist der Weg zur Freiheit – aber niemals allein. Gemeinschaft gibt Kraft, Schutz und Inspiration.

Im nächsten Kapitel schauen wir, wie du dein Umfeld positiv beeinflussen und ein unbeugsames Lebensumfeld schaffen kannst.

KAPITEL 9: DEIN UNBEUGSAMES UMFELD – WIE DU EINE STARKE BASIS FÜR DEIN LEBEN BAUST

Warum dein Umfeld zählt

Dein Umfeld – die Menschen, Orte und Gewohnheiten, die dich täglich umgeben – beeinflussen maßgeblich, wer du bist und was du erreichst.

Ein unterstützendes, inspirierendes Umfeld stärkt deine unbeugsame Haltung, während ein toxisches Umfeld dich brechen und schwächen kann.

Die drei Säulen eines unbeugsamen Umfelds

1. **Menschen, die dich stärken**
   Umgebe dich mit Menschen, die deine Werte teilen, dich unterstützen und dich motivieren, dein wahres Potenzial zu entfalten.

2. **Räume der Kraft**
   Schaffe dir Rückzugsorte, an denen du Energie tanken kannst – ob Zuhause, in der Natur oder an besonderen Plätzen.

3. **Gesunde Gewohnheiten**
   Feste Rituale und Routinen, die Körper, Geist und Seele stärken, bilden das Fundament deiner Resilienz.

So gestaltest du dein Umfeld aktiv

- **Bewusst auswählen:** Trenne dich von Menschen und Situationen, die dir Energie rauben.

- **Klar kommunizieren:** Setze Grenzen und mache deine Bedürfnisse deutlich.

- **Investiere Zeit und Energie:** Pflege Beziehungen, die dich nähren.

- **Schaffe Rituale:** Kleine tägliche Handlungen, die dir Kraft geben – Meditation, Bewegung, Lesen.

-

Zitat

„Du bist der Durchschnitt der fünf Menschen, mit denen du die meiste Zeit verbringst." – Jim Rohn

Kleine Erinnerung zwischendurch

Und wenn deine engsten Begleiter pelzig sind und mit wedelndem Schwanz für gute Laune sorgen – umso besser! Energie kommt nicht nur von Menschen, sondern auch von unseren treuen Vierbeinern, die uns mit bedingungsloser Liebe und Freude begleiten.

Kleine Veränderungen, große Wirkung

Manchmal reichen schon kleine Anpassungen im Alltag, um dein Umfeld in eine Quelle der Stärke zu verwandeln:

- Ein gemeinsames Frühstück mit Menschen, die dich inspirieren.

- Ein Spaziergang in der Natur, um den Kopf frei zu bekommen.

- Ein regelmäßiger digitaler Detox-Tag.

KAPITEL X: HENRY DAVID THOREAU – DER UNBEUGSAME FREIGEIST UND MEISTER DES ZIVILEN UNGEHORSAMS

1. Einführung: Wer war Henry David Thoreau?

Henry David Thoreau wurde 1817 in Concord, Massachusetts, geboren und zählt zu den bedeutendsten amerikanischen Denkern des 19. Jahrhunderts. Als Schriftsteller, Philosoph und Naturforscher setzte er sich kompromisslos für Freiheit, Selbstbestimmung und moralische Integrität ein – zu einer Zeit, in der die USA tief gespalten waren durch Sklaverei, Kriege und soziale Ungerechtigkeiten.

Sein Leben war geprägt von der Suche nach Einfachheit und Wahrheit. Statt sich dem gesellschaftlichen Druck zu beugen, zog Thoreau für zwei Jahre in eine selbstgebaute Hütte am Walden-Teich, um in der Natur das Leben auf das Wesentliche zu reduzieren. Dieses Experiment wurde in seinem bekanntesten Werk **Walden** verewigt und ist heute ein Symbol für individuelle Freiheit und bewussten Widerstand gegen den Mainstream.

2. Walden – Das Experiment der Selbstbestimmung

In **Walden** beschreibt Thoreau, wie er mitten in der Natur lebte, um herauszufinden, was wirklich wichtig im Leben ist. Seine Rückkehr zur Natur war kein bloßer Rückzug, sondern ein bewusster Akt der Rebellion gegen eine Gesellschaft, die von Konsum, Konformität und Oberflächlichkeit geprägt war.

Für Thoreau bedeutete Einfachheit Freiheit. Die Reduktion auf das Wesentliche schuf Raum für innere Klarheit und stärkte die Verbindung zu sich selbst und zur Natur. In einer Welt voller Lärm und Ablenkung zeigt *Walden*, wie wichtig es ist, den eigenen Rhythmus zu finden und unbeugsam zu bleiben.

3. Über die Pflicht zum Ungehorsam gegen den Staat

Thoreau war nicht nur ein Naturfreund, sondern auch ein unbeugsamer Gegner von Ungerechtigkeit. Sein Essay *Über die Pflicht zum Ungehorsam gegen den Staat* (*Civil Disobedience*) entstand als Reaktion auf die Sklaverei und den Mexikanisch-Amerikanischen Krieg, die er als moralisches Verbrechen verurteilte.

Er forderte jeden Einzelnen auf, nicht blind Gesetzen zu folgen, die Unrecht fördern, sondern das Gewissen über das Gesetz zu stellen. Für Thoreau ist ziviler Ungehorsam nicht nur ein Recht, sondern eine moralische Pflicht – ein stiller, aber kraftvoller Protest, der den Staat herausfordert, seine Macht nicht missbrauchen zu dürfen.

Diese Haltung inspirierte spätere Freiheitskämpfer wie Gandhi und Martin Luther King Jr. – und sie ist heute aktueller denn je.

4. Thoreaus Relevanz für heute

In Zeiten von wachsender Überwachung, Manipulation und Einschränkungen gewinnt Thoreaus Botschaft an Dringlichkeit. Sein Appell zur Eigenverantwortung, zum Widerstand gegen ungerechte Systeme und zur Suche nach innerer Freiheit trifft mitten ins Herz der modernen Gesellschaft.

Seine Ideen zeigen, dass echter Wandel bei jedem Einzelnen beginnt – durch bewusste Entscheidungen, unbeugsame Haltung und den Mut, für die eigene Wahrheit einzustehen.

5. Schlusswort: Thoreau als Vorbild für den unbeugsamen Geist

Henry David Thoreau ist mehr als ein Philosoph – er ist ein lebendiges Beispiel dafür, wie man unbeugsam lebt und denkt. Sein Vermächtnis fordert uns auf, nicht zu schweigen, wenn Unrecht geschieht, sondern mutig zu handeln – in Worten und Taten.

Seine Freiheit war nicht nur ein Ideal, sondern eine gelebte Praxis. Möge sein Geist uns begleiten auf unserem Weg, unbeugsam zu bleiben – heute und immer.

KAPITEL 11: DIE SPUR DES GELDES – WEM DIENT DAS SYSTEM WIRKLICH?

1. Geld als Werkzeug – oder als Fessel?

Geld – ein alltägliches Mittel zum Tausch, scheinbar neutral, funktional, praktisch. Doch wie alles, was Macht in sich trägt, ist auch das Geld längst nicht mehr das, was es vorgibt zu sein. Es ist kein reines Werkzeug mehr. Es ist ein Steuerungsinstrument geworden. Eine Waffe. Eine Mauer.

In einer Welt, in der fast alles einen Preis hat, ist Geld nicht länger nur Mittel zum Zweck. Es wurde zum Zweck selbst. Und genau das ist der Trick: Wer das Geld kontrolliert, kontrolliert die Bedürfnisse. Und wer die Bedürfnisse kontrolliert, kontrolliert das Verhalten.

Die Frage, die sich also stellt: Wem dient das Geldsystem wirklich – und warum ist es so gestaltet, wie es ist?

2. Schuldgeld und endloser Mangel

Unser heutiges Finanzsystem basiert auf Schulden. Das Geld, das du auf deinem Konto hast, existiert nur, weil irgendwo ein Kredit aufgenommen wurde. Es ist **Schuldgeld** – aus dem Nichts erschaffen, mit Zinsen belegt. Jeder Euro, jede Münze, jede digitale Zahl auf deinem Konto: ein Beweis dafür, dass irgendjemand irgendwo etwas zurückzahlen muss.

Und Zinsen? Sie erzwingen Wachstum. Permanentes Wachstum. Wie ein Raubtier frisst sich dieses Prinzip durch die Ressourcen, durch die Seelen, durch das Leben. Denn: **Es gibt niemals genug Geld im System, um alle Schulden samt Zinsen zu tilgen.** Es ist ein mathematischer Zwang zur

Knappheit. Und Mangel ist der Boden, auf dem Kontrolle gedeiht.

3. Wer schöpft das Geld?

Fragen wir weiter: Wer entscheidet eigentlich, wie viel Geld in
Umlauf kommt – und wohin es fließt?

Es sind keine demokratisch gewählten Organe. Es sind private
Zentralbanken. Intransparente Machtzentren mit globaler
Reichweite. Sie geben Geld in Umlauf, verleihen es gegen
Zinsen und profitieren so von jeder Krise, von jeder Notlage,
von jeder Rettung.

Geld regiert nicht nur die Welt – es regiert auch die Regierungen. Und so wird klar: **Das System ist nicht für uns gebaut. Es ist gebaut, um uns zu binden.**

4. Soziale Konditionierung durch Geld

Der Mythos vom „freien Markt" ist nur die Fassade. In Wahrheit ist der Mensch längst zum Zahnrädchen geworden –
eingespannt in ein System, das seine Kreativität, seine Le-
benszeit, seine Träume in Leistungseinheiten umrechnet.

Wer kein Geld hat, ist ausgeschlossen. Wer Schulden hat, ist
gefesselt. Und wer viel Geld hat, erhält Zugang zu Macht,
Einfluss, Entscheidungsebenen.
Doch niemand fragt: **Ist das gerecht? Oder einfach nur
gewohnt?**

5. Der Preis der Abhängigkeit

Wie viele Lebensentscheidungen werden aus Angst vor Geld-
mangel getroffen? Wie viele Träume sterben still in Excel-Ta-

bellen?
Das System belohnt Gehorsam – nicht Wahrheit. Es belohnt
Konformität – nicht Mut.

Und so funktionieren Lohnarbeit, Kredite, Steuersysteme und
Preisgestaltung wie ein Netz: Du sollst glauben, dass du „frei"
bist, während du jeden Monat deine eigene Gefangenschaft
mit Unterschrift und Kontonummer bestätigst.

6. Der stille Ausweg

Doch es gibt Hoffnung. Immer mehr Menschen wachen auf.
Sie tauschen lokal. Sie unterstützen kleine Betriebe. Sie schließen sich Gemeinschaften an, die unabhängig denken – und
handeln. Saatgutbörsen. Nachbarschaftsnetzwerke. Tauschkreise.
Sie machen das, was wirklich gefährlich ist: **Sie ziehen sich
aus der Kontrolle zurück.**

Denn je mehr du das System durchschaust, desto weniger
kann es dich kontrollieren.

7. Fazit: Geld ist nicht das Problem – sondern die Art,
wie es benutzt wird

Geld ist an sich kein Feind. Es ist ein Werkzeug. Aber solange
das Werkzeug nur einer kleinen Elite dient, wird der Rest der
Menschheit immer zu wenig davon haben.

Die unbeugsame Haltung beginnt da, wo du beginnst, dir
selbst zu vertrauen – und nicht länger einem System, das dich
klein halten will.

KAPITEL 12 : BRD – DIE BESTE ILLUSION ALLER ZEITEN?

„Wenn ihr es verbietet, werde ich es drucken; werde ich es bauen; werde ich es brauen; werde ich es züchten; werde ich es lesen; werde ich es sagen."

Willkommen in einem Land, in dem jeder brav aufsteht, werktags arbeitet, seine Steuern zahlt, sonntags wählt – und trotzdem kein einziges Mal wirklich gefragt wurde. Willkommen in einem Gebilde, das sich „Staat" nennt, sich mit Fahne, Hymne und Kanzler kleidet, und doch rechtlich auf tönernen Füßen steht.

Willkommen in der

BRD - der Bundesrepublik Deutschland

– einem Modell, das in seiner Konstruktion einmalig ist: verwaltet, überwacht, verbaut, verschuldet –

aber niemals souverän.

Die meisten Menschen glauben, sie lebten in einem freien, demokratischen Staat. Sie glauben, das Grundgesetz sei ihre Verfassung. Sie glauben, Deutschland habe seit dem 8. Mai 1945 seine volle Souveränität zurückerlangt. Sie glauben – und genau darauf baut dieses System. Denn wer glaubt, prüft nicht. Wer glaubt, kämpft nicht. Wer glaubt, gehorcht.

Doch was, wenn dieses

„beste Deutschland aller Zeiten"

auf einem Missverständnis basiert?

Was, wenn wir gar keinen Staat haben, sondern eine Verwaltung?

Was, wenn wir nie befreit, sondern nur neu sortiert wurden?
Was, wenn dieses Land fremdbestimmt ist – wirtschaftlich, politisch und militärisch – und das seit fast 80 Jahren?

Dann wäre dieses Kapitel keine Theorie, sondern Notwehr.

Deutschland ist Exportweltmeister – und Importabhängiger.
Deutschland ist Demokratie – aber ohne echten Souverän.
Deutschland ist frei – solange du nicht fragst, wem es gehört.

Man spricht von einem Rechtsstaat – doch welchem Recht gehorchen wir?
Man spricht von Frieden – doch Deutschland führt Kriege.
Man spricht von Souveränität – doch wo ist der Friedensvertrag? Wo ist die echte Verfassung? Warum ist Deutschland der einzige „Staat", der keinen Staatsangehörigkeitsausweis im klassischen Sinne besitzt?

Wem gehört Deutschland? Wem dient es? Und warum schweigt der Mainstream?

In den folgenden Abschnitten dieses Kapitels werden wir das Konstrukt BRD Stück für Stück auseinandernehmen – nicht aus Lust an der Kritik, sondern aus Pflicht zur Aufklärung. Wir werden auf Dokumente, Verträge, Zahlen und Widersprüche stoßen, die zeigen: Deutschland ist kein souveräner Staat – sondern ein fremdbestimmtes Verwaltungsprodukt mit PR-Abteilung.

Die Wahrheit schmerzt. Aber sie heilt.

DIE ENTSTEHUNG DER BRD – VON BESATZUNG ZUR VERWALTUNG

Nach dem Ende des Zweiten Weltkriegs 1945 war Deutschland vollständig besetzt – aufgeteilt unter die Siegermächte USA, Großbritannien, Frankreich und die Sowjetunion.

Es gab **keine deutsche Regierung, keine deutsche Souveränität, keine Verfassung**. Stattdessen herrschte das Besatzungsrecht. In den westlichen Zonen begannen die USA und ihre Verbündeten, ein neues politisches System zu installieren – unter ihrer Kontrolle, versteht sich.

1949 wurde die Bundesrepublik Deutschland gegründet. Doch sie war **kein souveräner Staat**, sondern ein **Verwaltungskonstrukt**, das unter der Aufsicht der westlichen Alliierten agierte. Das sogenannte **Grundgesetz** wurde nicht vom Volk verabschiedet, sondern von den Westmächten genehmigt – als **"Provisorium"**, wie es selbst in der Präambel stand. Ein Ersatz, keine echte Verfassung.

> *„Dieses Grundgesetz [...] hat für eine Übergangszeit Gültigkeit."*
> *(Präambel GG, 1949)*

Der Begriff „Bundesrepublik Deutschland" wurde bewusst gewählt – nicht „Deutschland". Denn „Deutschland" als Staat war handlungsunfähig, aber nicht verschwunden. Diese feine juristische Linie zieht sich bis heute durch sämtliche internationalen Verträge, Erklärungen und völkerrechtlichen Konstrukte.

In der **Verfassungsdiskussion von 1990**, nach der Wiedervereinigung, hätte laut Grundgesetz Artikel 146 endlich eine vom Volk beschlossene Verfassung in Kraft treten müssen. Doch das geschah nicht. Stattdessen wurde das **Grundgesetz einfach übernommen** – das Provisorium blieb bestehen. Die BRD wurde auf das gesamte deutsche Staatsgebiet ausgedehnt – als Verwaltung, nicht als neuer Staat.

Was bedeutet das?

Deutschland existiert völkerrechtlich fort – die BRD ist **nicht** sein Ersatz, sondern nur sein Verwalter.
Der Staat Deutschland (als Völkerrechtssubjekt) ist **nicht untergegangen**, aber auch **nicht handlungsfähig**.
Die BRD ist **nicht identisch** mit dem Staat Deutschland – sie ist ein **Organisations- und Verwaltungskonstrukt**.

Diese Tatsache wird bis heute in der Öffentlichkeit kaum thematisiert. Doch in offiziellen Dokumenten, diplomatischen Noten, sogar in Entscheidungen des Bundesverfassungsgerichts ist diese Trennung zu finden.

> *„Das Deutsche Reich ist nicht untergegangen […]. Es besitzt nach wie vor Rechtsfähigkeit, ist allerdings als Gesamtstaat mangels Organisation nicht handlungsfähig."*
> – BVerfG, Urteil vom 31.07.1973 (BVerfGE 36, 1)

Das bedeutet:
Wir leben nicht in einem souveränen Staat, sondern in einem von außen geschaffenen Verwaltungsorgan.
Ein Organ, das unter fremder Oberaufsicht entstanden ist – und bis heute durch internationale Abkommen, militärische Präsenz (Stichwort: NATO-Stützpunkte) und wirtschaftliche Abhängigkeit **fremdbestimmt** bleibt.

SOUVERÄNITÄT – EINE FRAGE DES STAND-PUNKTES (UND DES VERTRAGES)

Souveränität – ein großes Wort. Es klingt nach Selbstbestimmung, nach Unabhängigkeit, nach freiem Willen eines Volkes über sich selbst. Doch was bedeutet es wirklich, **souverän** zu sein? Und: Ist die BRD es?

Um das zu beantworten, lohnt ein Blick auf Verträge, Strukturen und reale Machtverhältnisse.

1. Der Zwei-plus-Vier-Vertrag – die große Täuschung

1990 wurde gefeiert, als der sogenannte *Zwei-plus-Vier-Vertrag* unterzeichnet wurde. Zwei deutsche Staaten (BRD und DDR) plus vier Siegermächte. Es hieß, Deutschland sei „nun vollständig souverän". Doch das ist bei näherer Betrachtung **eine halbe Wahrheit**.

Denn der Vertrag ist ein völkerrechtlicher Friedensersatz, aber **kein Friedensvertrag**. Deutschland wurde nicht in die vollständige Souveränität entlassen, sondern die Alliierten erklärten lediglich, dass sie „auf ihre Rechte verzichten". Doch ein Verzicht ist kein völkerrechtlich bindender Austritt. Es blieb ein Spielraum – ein Spiel mit Worten.

2. Die „Feindstaatenklausel" – ungelöscht bis heute

Noch heute existieren in der UN-Charta die sogenannten **Feindstaatenklauseln** (Artikel 53 und 107). Sie erlauben den Siegermächten militärische Maßnahmen gegen Deutschland **ohne Zustimmung des UN-Sicherheitsrats**, wenn es Anzeichen für eine Wiederbelebung „feindlicher Tendenzen" gäbe. Deutschland gilt völkerrechtlich **immer noch als ehemaliger Feindstaat** – während Staaten wie Japan längst neue Verträge und Verfassungen haben.

Warum wurden diese Klauseln **nie gelöscht**?

3. Der Kanzlerakt – Mythos oder Realität?

Oft wird behauptet, jeder deutsche Bundeskanzler müsse bei Amtsantritt ein geheimes Dokument unterzeichnen – den sogenannten „Kanzlerakt", der angeblich deutsche Souveränität an die USA bindet. Offiziell wird das als Verschwörungstheorie abgetan. Doch selbst Egon Bahr, enger Vertrauter von Willy Brandt, bestätigte 2007 öffentlich, dass es „solche Dokumente gegeben habe".

Was es genau war – darüber schweigt man. Schweigen ist auch eine Form der Kontrolle.

4. Militärische Präsenz – fremde Truppen im eigenen Land

In Deutschland befinden sich **über 30 US-Militärbasen** – darunter Ramstein, eine der größten außerhalb der USA. Über diese Basen werden Drohneneinsätze koordiniert, Operationen gesteuert – **ohne deutsche Kontrolle**. Ramstein ist völkerrechtlich gesehen **exterritoriales Gebiet** – eine **Zone außerhalb deutscher Souveränität**.

Souveränität sieht anders aus.

5. Wirtschaft und Schuldenpolitik – ein besetzter Geldbeutel

Deutschland ist Exportweltmeister – und trotzdem abhängig. Die BRD besitzt **keine eigene Zentralbankshoheit**, sondern ist an die EZB gebunden. Die **Goldreserven liegen größtenteils im Ausland** – angeblich zur „Sicherheit". Das ist kein souveräner Umgang mit Volksvermögen.

Hinzu kommen die gigantischen Staatsausgaben für internationale Programme, Hilfen und Transfers – während die eigene Infrastruktur zerbröckelt. Deutschland finanziert Kriege, Waffenlieferungen und Organisationen mit zweifelhaften Absichten – **aber viele Bürger leben am Limit.**

SOUVERÄNITÄT IM SPIEGEL – WAS ANDERE ANDERS MACHEN

Wenn man das eigene Haus verstehen will, lohnt sich oft der Blick über den Gartenzaun. Während Deutschland seine Souveränität laut Vertrag zurückerhalten hat, aber faktisch weiterhin fremdbestimmt ist – gibt es Länder, die **eine gänzlich andere Strategie fahren**. Und damit durchaus Erfolg haben.

Russland – der unbeugsame Bär

Russland hat sich in den letzten Jahrzehnten vom post-sowjetischen Scherbenhaufen zur geopolitischen Macht zurückgearbeitet.
Ein entscheidender Faktor: **Souveränität auf allen Ebenen**.

- **Eigene Zentralbankhoheit:** Russland kontrolliert seine Währung selbst. Der Rubel gehört nicht einer fremdgesteuerten Institution wie der EZB.

- **Rohstoffe unter nationaler Kontrolle:** Gas, Öl, Uran, Holz – Russlands Reichtum bleibt **nicht in fremden Händen**, sondern wird staatlich kontrolliert. Private Konzerne wie Gazprom sind teils in staatlicher Hand.

- **Geopolitische Unabhängigkeit:** Russland lässt sich **nicht diktieren**, mit wem es Verträge abschließt. Es pflegt enge Beziehungen zu China, Indien, Afrika – und trotzt westlichen Sanktionen mit eigener Infrastruktur, eigenen Märkten, eigenem Stolz.

💡 *Man muss Russland nicht lieben – aber man muss anerkennen: Dieses Land entscheidet selbst.*

China – die ruhige Macht mit Plan

China denkt in Jahrhunderten, während der Westen in Legislaturperioden strauchelt. Der Plan: **Technologische Unabhängigkeit, wirtschaftliche Selbstversorgung, strategische Allianzen.**

- **Digitale Eigenständigkeit:** China hat eigene Plattformen, eigene Suchmaschinen, eigene Cloudsysteme – Baidu statt Google, WeChat statt WhatsApp. Der Westen wird ausgesperrt, nicht umgekehrt.

- **Keine Schuldenhörigkeit:** China kauft Staatsanleihen anderer Länder, hat aber **keine westlich dominierte Schuldenabhängigkeit.**

- **Seidenstraße 2.0:** Mit dem Belt-and-Road-Projekt schafft China ein Handelsnetzwerk **außerhalb westlicher Kontrolle** – mit direktem Einfluss auf über 70 Länder.

💡 *China sagt nicht viel – aber baut täglich an seiner Zukunft, ohne dass Brüssel oder Washington mitreden dürfen.*

VAE & Co. – Klein, reich, unabhängig

Die Vereinigten Arabischen Emirate (VAE), Katar oder Bahrain sind zwar kleine Länder – doch sie haben verstanden: **Ressourcen in staatlicher Hand = Macht in eigener Hand.**

- **Keine Schulden, keine Kniefälle:** Viele dieser Staaten haben **Null Staatsverschuldung**. Sie lassen sich weder vom IWF noch von der Weltbank vorschreiben, was sie zu tun haben.

- **Gold statt Papier:** Manche dieser Länder lagern **große Teile ihrer Reserven in Gold** – physisch vorhanden, nicht nur digital versprochen.

- **Eigenes Recht, eigene Regeln:** Weder EU-Vorgaben noch WHO-Diktate gelten dort. Man entscheidet eigenständig über Medizin, Bildung und Wirtschaft.

💡 *Sie zeigen: Man kann klein sein – und dennoch selbst entscheiden.*

Und Deutschland?

Deutschland ist deindustrialisiert, energieabhängig, bildungstechnisch im Sinkflug, digital zurückgeblieben und sicherheitspolitisch ein Spielball.
Mit Auslandstruppen auf dem Boden, unter amerikanischer Kontrolle, von NATO-Doktrinen gelenkt, mit einer „Ampel", die nicht leuchtet, sondern blendet.

Fazit:
Was andere anders machen? Sie **denken für sich selbst**. Sie **schützen ihre Ressourcen**. Sie **lassen sich nicht vorschreiben**, wie sie zu leben haben.

KAPITEL 13: DER PREIS DER FREIHEIT – WARUM ECHTER WIDERSTAND KEINE OPTION, SONDERN PFLICHT IST

Echte Freiheit ist kein Geschenk, kein Beifang, keine schöne Fußnote in der Geschichte. Sie ist ein Kampf. Ein harter, unermüdlicher, lebenslanger Kampf. Und dieser Kampf hat seinen Preis.

Warum Widerstand unverhandelbar ist

Freiheit bedeutet mehr als nur keine Ketten am Körper zu tragen. Freiheit ist die Möglichkeit, über das eigene Leben zu bestimmen, die eigene Gemeinschaft zu gestalten, die eigene Zukunft zu bauen.

Doch:

- **Wer Freiheit will, muss bereit sein, sie zu verteidigen.**
- **Wer die Wahrheit sagt, wird angefeindet.**
- **Wer das System hinterfragt, wird zum Feind erklärt.**
-

Diese Widerstände kommen nicht aus Zufall. Sie sind gezielt und systematisch. Wer die Macht hat, will sie behalten.

Doch wir, die unbeugsamen Menschen, wissen:

> „Es ist keine Frage, ob man Widerstand leistet – sondern wie."

Die verschiedenen Gesichter des Widerstands

- **Der stille Widerstand:** In sich selbst stark sein, Nein sagen zu Manipulation, Lügen und Bevormundung.

- **Der alltägliche Widerstand:** Lokale Gemeinschaften stärken, regionale Produkte unterstützen, eigene Werte leben.

- **Der offene Widerstand:** Öffentlichkeit suchen, Wahrheit aussprechen, kreative Protestformen finden.

- **Der geistige Widerstand:** Bildung, Selbstreflexion, Bewusstseinsarbeit.

Der Preis – und die Belohnung

Widerstand kostet Zeit, Kraft, Beziehungen, Sicherheit. Aber:

- Es gibt keine Freiheit ohne Mut.

- Es gibt keine Würde ohne Standhaftigkeit.

- Es gibt keine Veränderung ohne Bewegung.

Die Belohnung? Ein Leben, das echt ist. Ein Leben, das wirklich dir gehört.

KAPITEL 14: DIE MATRIX DER MEDIEN – WIE FERNSEHEN UNSER DENKEN FORMT

„Wer die Bilder kontrolliert, kontrolliert den Geist."

Fernsehen – das angebliche Fenster zur Welt. Was viele nicht wissen: Es ist vielmehr ein Filter, ein Zerrspiegel, eine subtile Waffe zur Bewusstseinssteuerung. Der Fernseher steht in fast jedem Haushalt, oft im Zentrum des Wohnzimmers. Aber er ist mehr als nur Unterhaltung: Er ist ein permanenter Sender von Weltbildern, Denkrahmen und emotionalen Konditionierungen. Wer sich täglich vor diese Flimmerkiste setzt, öffnet Tür und Tor – für Fremdbestimmung.

Ein hypnotisches Werkzeug

Fernsehen arbeitet mit gezielter Frequenztechnik. Die Bildwiederholrate, das Flackern, der Ton – all das wirkt physiologisch und psychologisch auf den Zuschauer. Wissenschaftliche Untersuchungen zeigen: Bereits nach wenigen Minuten fällt der Mensch in einen sogenannten Alpha-Zustand. Ein Zustand tiefer Entspannung – aber auch erhöhter Suggestibilität. Der kritische Verstand fährt herunter, das Bewusstsein wird durchlässig für Suggestion.

Der Zuschauer befindet sich nun – ohne es zu wissen – in einem Zustand, der Hypnose gleicht. Was dann kommt, prägt sich tief ein: Bilder von Krieg, Elend, Konsum, Angst, Trends und vermeintlicher „Normalität".

Die Kindheit vor der Glotze – ein systematisches Trauma

Kinder sind besonders gefährdet. Ihre Hirnwellen sind im natürlichen Entwicklungsprozess ohnehin noch langsamer –

sie sind ohnehin empfänglicher für Suggestion. Und genau in diesem Zustand werden sie mit Zeichentrickserien, Superhelden, Werbung und Gewaltformaten geflutet. Spielerisch, scheinbar harmlos.

Doch was wirklich passiert: Identifikation mit künstlichen Figuren. Frustration durch Werbung. Konsumkonditionierung. Frühsexualisierung. Ein völlig verzerrtes Bild von Realität, Beziehungen, Körper und Welt.

Das TV-Programm übernimmt die Elternrolle. Es erklärt die Welt – aber in einer künstlich geformten, industriell designten Simulation. Das nennt man Medienpädagogik? Oder ist es nicht vielmehr ein gigantisches Konditionierungsprogramm?

Warum läuft immer das Gleiche?

Wer regelmäßig durch die Programme zappt, merkt schnell: Es ist immer dasselbe in anderer Verpackung. Kriminalfälle, Talkshows, politische Talkrunden, Seifenopern, Nachrichten. Aber der Grundton bleibt: Spannung, Angst, Polarisierung, Emotionalisierung.

Es gibt kaum echte Vielfalt. Stattdessen Wiederholungen, Reizüberflutung und Narrative, die nicht hinterfragt werden dürfen. Das ist kein Zufall – sondern systematisch.

Das Prinzip der "glaubwürdigen Autorität"

Nachrichtenmoderator*innen sitzen in Anzügen vor Weltkarten oder Hochglanzstudios. Die Stimme ist ernst, ruhig, dominant. Alles daran signalisiert: „Vertrau mir, ich weiß Bescheid." Diese Art von Inszenierung wirkt wie ein moderner Priester – nur, dass heute nicht Gott verkündet wird, sondern die politische Linie des Tages.

Das ist kein Journalismus. Das ist Predigt in visueller Form.

Einheit durch Gleichklang – keine Vielfalt, sondern Gleichschaltung

Kaum jemand fragt sich, warum fast alle Nachrichten dieselben Begriffe benutzen: „Putins Angriffskrieg", „Klimakrise", „Demokratiefeinde", „Verschwörungstheoretiker". Begriffe, die nicht neutral sind, sondern laden. Begriffe, die ein Framing vorgeben – ein Denkgerüst.

Der Zuschauer übernimmt diese Denkrahmen oft unreflektiert. Das Ergebnis: Die Realität wird nicht mehr erlebt, sondern interpretiert – nach Drehbuch. Der Fernseher hat aus Menschen Meinungswiedergabemaschinen gemacht.

Die Lösung: Ausschalten – Innen einschalten

Die wichtigste Revolution beginnt mit der Fernbedienung. Wer das Gerät ausschaltet, öffnet sich wieder dem echten Leben. Es ist ein Akt der Selbstermächtigung.

Die meisten, die ihren Fernseher für ein paar Wochen abschalten, berichten das Gleiche: Weniger Angst. Mehr Klarheit. Mehr Zeit. Mehr Verbundenheit mit sich selbst. Kein Wunder – denn die Frequenzmaschine ist stillgelegt.

Fazit:

Der Fernseher ist nicht bloß ein Medium – er ist eine Matrixmaschine. Er erschafft Realität, ohne dass wir sie erleben. Wer ihn nicht hinterfragt, wird Teil eines fremdgesteuerten Programms. Wer ihn durchschaut, gewinnt ein Stück Freiheit zurück.

KAPITEL 15: DIE PRESSE ALS WERKZEUG – WEM GEHÖREN MEDIEN WIRKLICH?

„Frei ist, wer die Wahrheit sagen darf – doch gedruckt wird nur, was genehm ist."

Zeitungen, Zeitschriften, Nachrichtenportale, Presseagenturen – sie geben sich unabhängig, kritisch und investigativ. Doch ein Blick hinter die Kulissen offenbart: Der Großteil der sogenannten freien Presse gehört wenigen mächtigen Konzernen, Stiftungen und Familienclans. Was täglich gedruckt, verbreitet und kommentiert wird, ist längst kein Abbild der Realität – sondern ein kontrolliertes Meinungsmanagement.

Das Kartell der Meinung – Medienbesitz in Deutschland

In Deutschland teilen sich nur eine Handvoll Konzerne den Großteil des Medienmarkts. An vorderster Front:

- **Bertelsmann**: Einer der größten Medienkonzerne der Welt. Besitzt die RTL Group (mit RTL, ntv, Vox u. a.), Gruner + Jahr (Stern, Brigitte, Geo), Penguin Random House und weitere Beteiligungen. Enge Verflechtung mit Politik, Bildungssystem, EU-Kommission und NGOs.

- **Axel Springer SE**: Herausgeber von BILD, WELT, Business Insider, Politico u. v. m. Der Konzern ist klar transatlantisch ausgerichtet und bekennt sich offiziell zu pro-amerikanischen Werten. Mitarbeiter müssen eine sogenannte „pro-israelische Grundhaltung" unterschreiben.

- **Funke Mediengruppe**: Betreibt Zeitungen wie Hamburger Abendblatt, WAZ, Thüringer Allgemeine sowie zahlreiche Magazine. Enge Kooperationen mit Springer und Öffentlich-Rechtlichen.

- **Südwestdeutsche Medienholding (SWMH)**: Kontrolliert u. a. die Süddeutsche Zeitung. Enge Verbindung zur SPD-nahen „Deutschen Druck- und Verlagsgesellschaft".

- **DuMont Mediengruppe**: Regionaler Medienriese (u. a. Kölner Stadt-Anzeiger, Berliner Zeitung).

Dazu kommen **Presseagenturen** wie die **dpa** (Deutsche Presse-Agentur), die als Hauptlieferant der Informationen für nahezu alle Redaktionen fungiert. Was dort formuliert wird, landet in großen Teilen der Tagespresse – häufig wortgleich.

Vielfalt? Ein Trugbild. Es ist ein Medien-Monopol mit wechselnden Logos.

Transatlantische Netzwerke – Die versteckten Regisseure

Wichtige Journalisten, Herausgeber und Redaktionsleiter sind Mitglieder in transatlantischen Netzwerken wie:

- **Atlantik-Brücke**

- **Aspen Institute**

- **German Marshall Fund**

- **Trilateral Commission**

- **Young Leaders Programme (WEF, BMW Foundation, etc.)**

Diese Netzwerke fördern "Nachwuchstalente", bieten Stipendien, organisieren Reisen in die USA und bauen Loyalitäten auf. Wer dort mitmischt, hat Zugang zu Politik, Wirtschaft und Medien – aber auch zu klaren ideologischen Vorgaben.

Unabhängig ist da längst niemand mehr.

Faktenchecker – Die neuen Zensoren

Seit einigen Jahren sind sogenannte „Faktenchecker" allgegenwärtig: Correctiv, Mimikama, dpa-Faktencheck, AFP-Faktencheck, Tagesschau-Faktenfinder usw. Sie geben sich als neutrale Instanzen der Wahrheit. In Wirklichkeit agieren sie häufig als ideologische Gatekeeper. Einige Beispiele:

- **Correctiv** wird unter anderem von der Open Society Foundation (George Soros), Google und der Bundeszentrale für politische Bildung gefördert.

- **dpa-Faktencheck** ist Teil des gleichen Agenturnetzwerks, das auch den Nachrichtenstrom für viele Redaktionen liefert.

- **Facebook/Meta** arbeitet mit diesen Stellen direkt zusammen – wer von ihnen als „falsch" markiert wird, wird digital unsichtbar gemacht.

Die Meinungsfreiheit bleibt formal erhalten – aber der Zugang zur Öffentlichkeit wird abgeschaltet.

Framing, Spin, Agenda – Der Baukasten der Wirklichkeitsverzerrung

Medien arbeiten heute weniger informierend, sondern narrativ. Es gibt „die Geschichte" – und darum wird ein Paket geschnürt: mit passenden Bildern, O-Tönen, Experten, Emotionen. Kritische Perspektiven? Unerwünscht. So entstehen:

- **Feindbilder**: Putin, Trump, Ungeimpfte, Klimaleugner, Verschwörungstheoretiker.

- **Heldenbilder**: Lauterbach, Baerbock, Greta, Selenskyj.

- **Narrative**: Pandemie, Krieg, Klimakatastrophe, Hass im Netz, Desinformation.

Der Trick: Sobald man gegen eines dieser Pakete argumentiert, widerspricht man nicht nur einer Meinung – man gilt als gefährlich.

Ein Blick in die Geschichte: Zensur in neuem Gewand

Bereits im Kaiserreich und in der Weimarer Republik war Pressefreiheit formal garantiert – und dennoch durch wirtschaftliche Abhängigkeit, staatlichen Druck oder Parteibindung eingeschränkt.

Im Dritten Reich wurde daraus offene Gleichschaltung. Nach 1945 kontrollierten zunächst die Alliierten die Presse. Erst in den 1950er Jahren entstand wieder eine „freie" Medienlandschaft – mit einem klaren transatlantischen Überbau.

Die heutige Form ist subtiler: Sie nennt sich Demokratie, ist aber geprägt von wirtschaftlicher Macht, politischem Einfluss und ideologischer Uniformität.

Was kannst du tun?

1. **Hinterfrage Quellen.** Wer steckt dahinter? Wer finanziert das Medium?

2. **Vergleiche verschiedene Perspektiven.** Lies quer, nicht nur eine Richtung.

3. **Stütze dich auf Primärquellen.** Verlasse dich nicht auf Überschriften oder Kommentare.

4. **Teile und diskutiere alternative Sichtweisen.** Aufklärung beginnt im Gespräch.

5. **Unterstütze unabhängige Medienprojekte.** Dein Klick ist eine Stimme für Vielfalt.

Fazit:

Die freie Presse, wie sie uns verkauft wird, ist eine Illusion.

Es handelt sich um eine PR-Maschinerie mit schönem Anstrich – kontrolliert von Wirtschaft, Politik und ideologischen Machtzentren. Wer die mediale Erzählung kontrolliert, kontrolliert das Bewusstsein der Massen.

Doch Wissen ist Macht. Und die Bereitschaft, selbst zu denken, ist der erste Schritt zur Freiheit. In einer Welt, in der die Wahrheit zensiert wird, ist das Aussprechen derselben ein revolutionärer Akt.

KAPITEL 16 : PSEUDOWISSENSCHAFT – DER GLAUBE AN DIE EXPERTEN

Die Welt ist nicht auf dem Weg in eine neue Aufklärung, sondern in eine neue Dunkelheit – getarnt als Fortschritt. Anstelle von Religionen glauben die Menschen heute an „die Wissenschaft". Doch was sie verehren, ist oft keine Wissenschaft, sondern eine gelenkte, gekaufte, politisch instrumentalisiertes Narrativ. Man nennt es Pseudowissenschaft – und sie ist gefährlicher als offene Lüge, weil sie sich mit dem Schleier der Objektivität tarnt.

Die neue Inquisition

Früher wurde man wegen Ketzerei verbrannt. Heute wird man gecancelt. Die Methoden haben sich verändert – das Prinzip ist gleich geblieben: Wer vom offiziellen Dogma abweicht, wird diffamiert, ausgegrenzt, gelöscht.
Dabei ist echte Wissenschaft immer Suche, nie Besitz. Doch heute wird aus Hypothese Gewissheit gemacht, aus Meinung Konsens, aus Widerspruch ein Verbrechen.

Der Corona-Zeitraum offenbarte dieses Phänomen in Reinform: Virologen wurden zu Göttern im weißen Kittel. Wer ihre Aussagen infrage stellte, war ein „Schwurbler". Der Diskurs wurde abgewürgt. Kritische Ärzte wurden aus dem Dienst entfernt, Studien mit Gegenpositionen nicht publiziert – oder gleich von YouTube gelöscht.

Klimadiskurs: Konsens oder Komplott?

Ein weiteres Beispiel: der sogenannte Klimakonsens. Man sagt uns: 97 % der Wissenschaftler seien sich einig. Doch wer genau sind diese Wissenschaftler? Wer hat sie gefragt? Und was genau sind sie sich einig?
Kritische Stimmen, die auf zyklische Klimaveränderungen, auf

natürliche Prozesse oder auf die Rolle der Sonne hinweisen, werden nicht widerlegt – sie werden lächerlich gemacht.

In Wahrheit ist der Klimadiskurs längst Teil einer neuen Ideologie, die nicht mehr das Klima schützt, sondern eine weltweite Kontrolle legitimiert: CO_2-Besteuerung, Smart Cities, digitale Passsysteme. Und wie immer gilt: Wer bezahlt, bestimmt das Ergebnis.

Die Pharmalobby und die gekaufte Gesundheit

Die Medizin ist längst zu einem Markt geworden – der Patient zum Kunden. Wer die Studien finanziert, bestimmt, welche Therapien als „wissenschaftlich belegt" gelten. Unabhängige Forschung? Eine Rarität.

Die WHO, das RKI, das PEI – allesamt durchsetzt von Interessenskonflikten, Fördergeldern, Industrienähe. Die Leitlinien der Medizin richten sich oft nicht nach Erkenntnis, sondern nach Lobby. Medikamente mit schwerwiegenden Nebenwirkungen werden durchgewunken, weil sie Milliarden einbringen. Natürliche Heilmethoden hingegen werden als „unwissenschaftlich" diffamiert – nicht, weil sie nicht wirken, sondern weil sie nicht patentierbar sind.

Genderwissenschaften – ein ideologisches Konstrukt

Ein besonders absurdes Beispiel für Pseudowissenschaft ist das Gendern. Hier wird Biologie durch Soziologie ersetzt, Genetik durch Gefühl. Aus Männern werden Frauen, aus Frauen werden Konstrukte, aus Wahrheit wird eine Frage des individuellen Empfindens.

Die Genderdebatte ist kein wissenschaftlicher Diskurs, sondern ein ideologischer Angriff auf Realität. Wer sagt, dass es zwei biologische Geschlechter gibt, wird heute bereits als „transfeindlich" markiert. In Universitäten werden Genderstühle eingerichtet – auf Kosten echter Forschung.

Diese „Wissenschaft" basiert nicht auf überprüfbaren Fakten, sondern auf politischer Agenda.

Experten als Ersatzpriester

Experten füllen heute die Rolle aus, die früher Priester einnahmen: Sie legen die Wahrheit aus. Sie interpretieren die Daten. Sie sprechen ex cathedra. Und wehe dem, der ihnen widerspricht.

Ob in Talkshows, politischen Ausschüssen oder Gerichtssälen – Expertenmeinung ist heute wichtiger als Menschenverstand. Doch wer prüft diese Experten? Viele von ihnen sind Teil von Netzwerken: Denkfabriken, Stiftungen, Förderinstitutionen – von Rockefeller bis Soros. Ihre Unabhängigkeit ist oft nur Fassade.

Die Wissenschaft als Ersatzreligion

Der moderne Mensch betet nicht mehr in Kirchen, sondern in Laboratorien. Er glaubt an Modelle, nicht an Erfahrung. Er folgt Zahlen, nicht der Intuition. Er hat die Seele verkauft für die Sicherheit statistischer Mittelwerte.

Doch diese Ersatzreligion ist kalt. Sie kennt keine Verantwortung, keine Ethik, kein Mitgefühl. Sie rechnet – aber sie heilt nicht. Sie kontrolliert – aber sie versteht nicht. Sie verordnet – aber sie sieht den Menschen nicht.

Der Preis des blinden Glaubens

Wer die Wissenschaft verabsolutiert, macht sie zur Diktatur. Der Zweifel stirbt, die Neugier versiegt, das Denken versteinert. Die Folge: eine Gesellschaft der Gefügigen, der Wissensgläubigen, der Expertenhörigen.

Wir erleben heute nicht weniger als eine Umkehrung der Aufklärung: Nicht der Mensch steht im Zentrum, sondern das System, das ihn verwaltet. Und wehe, er fragt: „Warum?"

Was wir brauchen

Wir brauchen keine neue Ideologie – sondern eine Rückkehr
zur echten Wissenschaft.
Eine Wissenschaft, die fragt – statt zu verkünden.
Eine Wissenschaft, die scheitern darf – statt zu dominieren.
Eine Wissenschaft, die nicht abhängig ist von Geld, Macht
oder Politik.

Wir brauchen Demut. Und den Mut, wieder zu sagen:
„Ich weiß es nicht. Lass uns gemeinsam suchen."

KAPITEL 17: DER MENSCH ALS WARE – ENTWERTUNG DURCH ÖKONOMISIERUNG

In einer Welt, die sich zunehmend den Gesetzen des Marktes unterwirft, ist es nicht verwunderlich, dass selbst der Mensch zur Ware wird. Was einst als unveräußerlich galt – Würde, Individualität, Selbstbestimmung – wird heute ökonomisch bewertet, kalkuliert und in Leistungseinheiten umgerechnet. Der Mensch ist nicht mehr Zweck, sondern Mittel: Mittel zur Produktivität, zur Wertschöpfung, zur Rentabilität. Willkommen in der Welt der totalen Ökonomisierung.

Der Preis des Menschseins

Die Frage ist nicht mehr: *Was ist ein Mensch wert?* – sondern: *Was bringt er ein?* Der Wert des Individuums wird bemessen an seiner Leistungsfähigkeit, seiner Anpassungsbereitschaft und seinem wirtschaftlichen Nutzen. Kinder gelten als „Kostenfaktor", Alte als „Belastung des Sozialsystems". Bildung wird zur „Investition in Humankapital", Gesundheit zur „Ressource". Der Mensch wird katalogisiert, quantifiziert, optimiert – so lange er funktioniert.

Doch was ist mit denen, die nicht (mehr) funktionieren? Die Alten, die Kranken, die Widerständigen, die Lebensmüden, die Mutigen, die Sanften, die Künstler, die Liebenden? In einer Welt, in der nur noch Leistung zählt, ist für sie kein Platz vorgesehen. Sie sind die Risse im System – und damit gefährlich für eine Ordnung, die alles in Kennzahlen pressen will.

Arbeit als Religionsersatz

Arbeit ist zur Ersatzreligion geworden. Wer keine hat, gilt als wertlos. „Wer nicht arbeitet, soll auch nicht essen", heißt es – ein Narrativ, das tief verinnerlicht wurde. Dabei war der Mensch nicht immer ein Rädchen im Produktionsbetrieb. In vormodernen Gesellschaften wurde Arbeit meist als notwendiges Übel angesehen – das eigentliche Ziel war Muße, Gemeinschaft, Sinn. Heute hingegen wird Arbeit glorifiziert: Sie stiftet Identität, Zugehörigkeit, Struktur. Und wer ihr nicht nachgeht, verliert nicht nur seinen Lebensunterhalt – sondern auch seine gesellschaftliche Daseinsberechtigung.

Dabei ist es nicht die Arbeit an sich, die entwürdigt – sondern die Entfremdung. Der Mensch verrichtet Tätigkeiten, die ihn innerlich leer lassen, unter Bedingungen, die ihn krank machen, für Ziele, die ihm fremd sind. Arbeit wird zur Pflicht, zur Last, zum Zwang – und am Ende steht oft nichts als Burnout, Depression oder innere Kündigung.

Die Sprache der Ökonomie

Die Ökonomisierung reicht bis in unsere Sprache. Menschen werden „ausgelastet", „verwertet", „freigesetzt", „optimiert". Beziehungen nennt man „Netzwerke", Kinder werden „geplant", Pflege wird zur „Dienstleistung", und sogar Tod und Trauer unterliegen der Effizienzlogik – am besten schnell, günstig, unkompliziert. Selbst die Liebe bleibt davon nicht verschont: Partnerwahl geschieht heute oft via Algorithmus – Matching statt Magie.

Diese Sprache ist kein Zufall – sie ist Ausdruck einer Denkweise. Wer die Begriffe beherrscht, beherrscht das Denken. Wer das Denken beherrscht, lenkt das Bewusstsein. Und wer das Bewusstsein lenkt, lenkt die Welt.

Der digitale Mensch

Mit der Digitalisierung bekommt die Ökonomisierung eine neue Dimension: Der Mensch wird nicht nur zur Ware, sondern zur **Datenmasse**. Jeder Klick, jede Bewegung, jede Emotion wird erfasst, analysiert, verkauft. Der „gläserne Mensch" ist längst Realität – und er liefert sich freiwillig aus: durch Smartphones, Smartwatches, Fitness-Tracker, smarte Kühlschränke und digitale Assistenten. Bequemlichkeit ersetzt

Privatsphäre. Kontrolle wird akzeptiert – wenn sie nur gut
verpackt ist.

Doch was passiert mit den Daten? Sie werden zu Profilen,
Prognosen, Produkten. Der Mensch wird kategorisiert: kredit-
würdig oder nicht, sicher oder riskant, angepasst oder poten-
ziell gefährlich. Künstliche Intelligenz trifft Entscheidungen
über Leben und Zukunft – und kaum jemand fragt, wer dahin-
tersteht. Der Mensch als Algorithmus. Der Mensch als verwert-
bares Rohmaterial. Der Mensch als kontrollierbare Ressource.

Bildung als Zurichtung

Auch das Bildungssystem folgt längst ökonomischen Prinzipi-
en. Schüler:innen sollen „fit für den Markt" gemacht werden.
Kreativität, kritisches Denken, freier Geist? Fehlanzeige. Stattdessen wird angepasst, wiederholt, geleistet. Wer Fragen
stellt, stört den Ablauf. Wer sich verweigert, gilt als „proble-
matisch". Bildung ist keine Befreiung mehr – sondern Zurich-
tung. Eine Konditionierung auf Systemkonformität.

Die Schulen gleichen Produktionshallen. Kinder sind Rohstoffe.
Lehrer:innen werden zu Supervisoren. Und am Ende steht ein
Mensch, der vielleicht „funktioniert" – aber nicht lebt. Der
angepasst ist – aber nicht wach. Der alles weiß – aber nichts
begreift.

Gesundheit – ein Geschäft

Auch das Gesundheitssystem ist längst ein Markt. Patienten
sind Kunden, Ärzte Dienstleister, Krankenhäuser Unternehmen. Behandlungen werden nach Wirtschaftlichkeit ausge-
wählt, nicht nach Bedarf. Diagnosen dienen oft der Abrech-
nung. Wer heilt, hat Glück – wer zahlt, hat Priorität.

Medikamente sind Produkte. Krankheit ist lukrativ. Gesundheit
ist teuer. Prävention? Eher lästig. Der gesunde Mensch ist kein
Geschäft – der chronisch Kranke hingegen schon. Pharmakon-
zerne bestimmen die Therapien, Lobbyisten schreiben mit an

den Leitlinien, Studien werden erkauft, Nebenwirkungen verschwiegen.

Menschenhandel im legalen Gewand

Wer meint, dass der Mensch nur symbolisch zur Ware wird, möge einen Blick auf den globalen Markt werfen: Leiharbeit, Zeitarbeit, Mietarbeiter, Wanderarbeiter – alles legale Begriffe für systematisierten Menschenhandel. Menschen werden importiert, verheizt, ersetzt. Pflegekräfte aus Osteuropa, Erntehelfer aus Asien, IT-Spezialisten aus Indien. Es zählt nur, was sie leisten. Nicht, wer sie sind.

Migration wird ökonomisch bewertet: gut, wenn sie die Rentenkassen füllt. Schlecht, wenn sie „Kosten verursacht". Der Mensch wird eingestuft, bewertet, sortiert. Willkommen im Zeitalter der humanen Verwertungslogik.

Widerstand beginnt mit Würde

Doch was tun? Die Antwort ist so einfach wie radikal: **Wieder Mensch werden.** Nicht Mittel zum Zweck, sondern Zweck an sich. Die eigene Würde zurückfordern. Nicht funktionieren – sondern fühlen. Nicht mitmachen – sondern hinterfragen.

Widerstand beginnt dort, wo man sich dem Markt entzieht:durch Selbstversorgung, durch Gemeinsinn, durch Kunst, durch Stille, durch radikale Ehrlichkeit.

Dort, wo man wieder sieht: Ich bin nicht mein Job. Nicht meine Daten. Nicht mein Konto. Ich bin – Punkt.

Der Mensch ist keine Ware. Und die Welt kein Supermarkt.

KAPITEL 18: GLAUBE STATT WISSEN – DIE RÜCKKEHR DER DOGMEN

In früheren Jahrhunderten waren es Religionen, die den Menschen sagten, was richtig und falsch sei. Was gedacht, gesagt, geglaubt werden durfte – und was nicht. Wer abwich, wurde gebrandmarkt. Heute, so heißt es, leben wir in einer offenen, aufgeklärten Gesellschaft. Und doch erleben wir eine neue Inquisition – diesmal ohne Scheiterhaufen, aber mit Rufmord, sozialer Ächtung, Sperrungen, Zensur und Ausgrenzung. Der Unterschied? Die Dogmen tragen nun andere Gewänder. Sie kommen als „Fakten", als „Expertenmeinung", als „wissenschaftlicher Konsens". Doch wie stabil ist ein Konsens, der nicht mehr hinterfragt werden darf?

Die Wissenschaft als neue Kirche?

Wissenschaft lebt – oder sollte leben – vom Zweifel, vom Widerspruch, von der ständigen Korrektur des Alten durch das Neue. Doch was heute als „wissenschaftlich belegt" gilt, ist nicht selten ein politisches Instrument. Hinter dem Schlagwort der „Wissenschaft" verbirgt sich häufig ein Kartell aus interessengeleiteten Institutionen, Stiftungen, Lobbygruppen und Mediennetzwerken, das seine Positionen nicht argumentativ verteidigt, sondern autoritär durchsetzt.

Wer Fragen stellt, gilt schnell als Leugner: als Klimaleugner, Coronaleugner, Faktenleugner, Fortschrittsverweigerer. Doch Leugnen setzt voraus, dass es sich um eine Wahrheit handelt. Und genau da liegt das Problem: Was ist Wahrheit – wenn sie nicht mehr offen diskutiert werden darf?

Wahrheit braucht keine Zensur. Wahrheit hält Gegenwind aus. Nur Lügen brauchen Schutzräume, Sprachregelungen und mediale Erziehungsanstalten.

Die Moral als Totschlagargument

Parallel zur scheinbar „wissenschaftlichen" Unantastbarkeit
tritt ein moralischer Absolutismus auf den Plan. Es genügt
längst nicht mehr, dass du deine Meinung sachlich begründest
– sie muss auch „die richtige Haltung" widerspiegeln. Und
diese Haltung wird nicht individuell gebildet, sondern kollektiv
diktiert: über Medien, soziale Netzwerke, Konzerne, NGOs,
Bildungssysteme.

Wer nicht mitzieht, wird diffamiert. Begriffe wie „rechts", „an-
tisemitisch", „demokratiefeindlich", „verschwörungsideolo-
gisch" oder „gefährlich" werden wie Etiketten auf Menschen
geklebt, die sich der neuen Lehre verweigern. Was früher die
Exkommunikation war, ist heute die digitale Verbannung:
gelöscht, gecancelt, demonetarisiert, gesperrt.

Der moderne Ketzer ist der, der Fragen stellt, statt zu gehorchen.

Der neue Katechismus: Narrative statt Erkenntnis

Der Dogmatismus unserer Zeit besteht nicht aus einem heili-
gen Buch, sondern aus tausend Schlagzeilen, Talkshows,
Politikreden und Twitter-Threads. Es geht nicht mehr um
nachvollziehbare Argumente, sondern um Erzählungen: Narrative.

Die großen Erzählungen unserer Zeit – vom „Great Reset" als
Heilsversprechen über die absolute Bedrohung durch ein Virus
bis hin zur Klimakatastrophe in Dauerschleife – folgen einem
Muster: Sie erzeugen Angst, versprechen Erlösung und for-
dern Gehorsam. Widerspruch wird nicht mit Gegenargumen-
ten beantwortet, sondern mit Ausgrenzung.

Diese „Erzählungsdominanz" ersetzt echtes Denken durch
Repetition. Wer heute denkt, riskiert morgen seinen Job.

Der Verlust des gesunden Menschenverstandes

Während früher einfache Bauern den Mond und das Wetter
besser verstanden als so mancher heutige Meteorologe mit
Klimazertifikat, wurde der gesunde Menschenverstand in den
letzten Jahrzehnten systematisch entwertet. Was du selbst
wahrnimmst – mit deinen Sinnen, deinem Bauchgefühl, deiner
Erfahrung – wird als „anekdotisch" abgetan.

Du sollst deinen eigenen Augen nicht mehr trauen, sondern
den Bildern aus dem Fernsehen. Nicht dem, was du fühlst,
sondern dem, was „Faktenchecker" sagen. Nicht der Erfahrung, sondern der Statistik.

Doch Wahrheit ist mehr als Datenpunkte. Wahrheit ist leben-
dig. Und sie zeigt sich dem, der still wird und wieder selbst zu
denken beginnt.

**Die Rückkehr des Orakels: Experten als neue Hohe-
priester**

In antiken Kulturen befragte man Orakel. Heute fragt man
Experten. Die Rolle ist ähnlich: Es wird nicht erklärt, sondern
dekretiert. Experten treten selten als Suchende auf, sondern
als Verkünder. Und Medien lieben diese Verkünder, weil sie
das Denken ersparen.

Ein Titel ersetzt keine Wahrheit. Und dennoch berufen sich
moderne Gesellschaften auf den Doktortitel wie früher auf den
Bischofsstab. Einmal durch die Talkshow geschleust, wird der
Experte zur unantastbaren Autorität.

Wer widerspricht, „hat ja nichts studiert". Dabei hatte auch
Sokrates nichts „studiert". Aber er stellte die richtigen Fragen.

Die Entmündigung des Individuums

Dogmen dienen immer dem Gleichen: Kontrolle. Kontrolle
über den Geist, über den Diskurs, über das Selbstverständnis
des Einzelnen. Wer denkt, stellt infrage. Wer infrage stellt,

wird gefährlich – für ein System, das auf Glauben statt Wissen aufgebaut ist.

Die neue Weltordnung braucht keine freien Menschen. Sie braucht Gläubige. Menschen, die an Fortschritt glauben, an die Vernunft der Regierenden, an die Integrität der Medien, an die Neutralität von Wissenschaft. Dieser Glaube ist bequem – denn er entlastet von Verantwortung.

Doch echte Freiheit beginnt mit der Ablehnung des bequemen Glaubens. Sie beginnt mit der Rückkehr zur eigenen Wahrnehmung. Mit dem Mut, auch gegen die Herde zu denken.

Schlussgedanke: Zurück zur Wahrheit

Es geht nicht um Rechthaben. Es geht um Wahrheit. Und Wahrheit ist kein Dogma, sondern ein Prozess. Ein Weg. Wer sich auf diesen Weg macht, verlässt den bequemen Pfad der Zugehörigkeit – aber gewinnt die Würde zurück, ein freies Wesen zu sein.

Die Rückkehr der Dogmen ist nicht das Ende. Sie ist die Einladung, wieder selbst zu denken. Und in diesem Denken liegt – wie schon Thoreau sagte – der Anfang wahrer Freiheit.

KAPITEL 19 : DIE NEUE MORAL – TUGENDTERROR UND SPRACHPOLIZEI

„Moral ist gut. Ihre Instrumentalisierung ist gefährlich."

Es war einmal eine Gesellschaft, die glaubte, moralisch überlegen zu sein. Sie hielt sich für tolerant, offen, inklusiv und gerecht. Doch was passiert, wenn Toleranz zur Intoleranz gegenüber Andersdenkenden wird? Wenn aus Gleichheit erzwungene Gleichmacherei wird? Wenn Moral nicht mehr aus dem Inneren kommt, sondern zum äußeren Zwang wird?

Willkommen im Zeitalter des Tugendterrors – einer Epoche, in der die moralische Keule zum neuen Zepter wurde und Sprache nicht länger der Verständigung dient, sondern der Disziplinierung.

Der neue Kodex: Wer nicht mitmacht, fliegt raus

In früheren Jahrhunderten war es die Kirche, die darüber wachte, was gesagt, gedacht und getan werden durfte. Heute haben neue Priester das Zepter übernommen: Aktivisten, Sprachwächter, Medien und Konzerne, die sich der „richtigen Haltung" verschrieben haben. Die Dogmen haben sich geändert, doch der Mechanismus ist derselbe geblieben: Kontrolle durch Moral.

Wer sich dem Zeitgeist nicht beugt, wird geächtet, beschämt oder zum Schweigen gebracht – öffentlich, digital, wirtschaftlich. Das nennt sich dann *Cancel Culture*, und sie trifft nicht nur Prominente, sondern zunehmend jeden, der sich nicht dem neuen Sprach- und Denkrahmen unterwirft.

Beispiele aus der Realität:

- **Dieter Nuhr**, Kabarettist, wurde von der DFG (Deutsche Forschungsgemeinschaft) ausgeladen, weil er sich kritisch zum Klimadiskurs äußerte.

- **Lisa Eckhart**, Autorin, durfte nicht auf einem Literaturfestival auftreten – es sei „zu gefährlich", sie könnte provozieren.

- **Kachelmann**, Meteorologe, wurde öffentlich zerrissen, weil er sich nicht „gendergerecht" äußerte.

Es ist nicht mehr die Handlung, die zählt – sondern das Signal. Die Haltung. Das Bekenntnis zum Zeitgeist.

Sprachpolizei & Gedankenhygiene

Worte haben Macht – das ist keine Neuigkeit. Doch nie zuvor in der jüngeren Geschichte wurde so massiv in Sprache eingegriffen wie heute. Aus dem „Schwarzfahrer" wird der „Fahrgast ohne gültigen Fahrschein", aus „Ausländer" wird „Person mit internationaler Geschichte". Aus „Kind" wird „Kind mit Vulva" oder „Kind mit Penis".

Diese Sprachumformungen sind nicht neutral – sie schaffen neue Wirklichkeiten. Die Realität wird umgeformt durch die Sprache, und wer sie nicht mitträgt, wird ausgegrenzt.

Begriffsbeschränkungen und -verbote:

- In einigen Redaktionen (z. B. öffentlich-rechtlich) dürfen Begriffe wie „illegaler Einwanderer" nicht mehr benutzt werden – obwohl es ein juristisch korrekter Begriff ist.

- Das Wort „Negerkuss" ist tabu, obwohl es ursprünglich keine rassistische Bedeutung hatte – der historische Kontext zählt nicht mehr, nur die aktuelle Empfindung.

- Weihnachtsmärkte heißen in einigen Städten plötzlich „Lichtermarkt" oder „Wintermarkt" – um „religiöse Gefühle nicht zu verletzen".

Doch wessen Gefühle zählen hier eigentlich – und wessen nicht?

Die neue Inquisition: Shitstorm statt Scheiterhaufen

Der moderne Inquisitor kommt nicht in Robe, sondern in Turnschuhen. Er prangert nicht im Dorf, sondern auf Twitter, Instagram oder TikTok. Doch sein Urteil ist nicht weniger vernichtend.

Karrieren werden durch einen Satz zerstört. Menschen entschuldigen sich öffentlich für alte Tweets. Bücher werden „sensibel überarbeitet". Filme werden nachträglich zensiert.

Beispiele:

- **Disney+** versieht Klassiker wie *Dumbo* oder *Peter Pan* mit Warnhinweisen wegen „problematischer Inhalte".

- **Roald Dahl**'s Kinderbücher wurden im Nachhinein „angepasst": Begriffe wie „fett", „hässlich" oder „verrückt" wurden gestrichen – durch die Zusammenarbeit mit einem „Sensitivity-Team".

- **J.K. Rowling**, Schöpferin von Harry Potter, wird massiv boykottiert, weil sie sich für biologische Geschlechter ausgesprochen hat.

Es geht längst nicht mehr um Respekt – es geht um Macht. Und die wird mit dem Etikett „Moral" ausgeübt.

Moral als Herrschaftsinstrument

Wenn Moral zur Waffe wird, ist sie keine Moral mehr. Sie wird zur Ideologie. Nicht mehr das Gewissen, sondern die öffentliche Meinung entscheidet. Und diese wird durch Medien, NGOs, Stiftungen und digitale Netzwerke gezielt erzeugt.

Große Konzerne springen auf diesen Zug auf – nicht aus Überzeugung, sondern aus Kalkül. Wer sich nicht „woke" zeigt, riskiert Imageverlust.

Greenwashing, Wokewashing, Pinkwashing:

- Firmen bemalen ihre Logos im Juni mit Regenbogenfarben – während sie gleichzeitig in Ländern operieren, in denen Homosexualität unter Strafe steht.

- Banken werben mit Diversität – während sie weltweit Rohstoffraubbau finanzieren.

- Medienhäuser propagieren Gleichheit – während sie Eliteninteressen vertreten.

Moral wird zur Inszenierung, zur Hülle, hinter der sich oft genau das Gegenteil verbirgt. Und wer das aufzeigt, wird sofort diffamiert.

Wer bestimmt, was gut ist?

Hier liegt der Kern des Problems: Wer hat das Recht, festzulegen, was moralisch richtig ist?

- Eine Redaktion?

- Eine Partei?

- Eine Stiftung?

- Eine KI?

- Eine von Lobbyisten finanzierte „Expertenkommission"?

Wenn Moral nicht mehr vom Einzelnen reflektiert und gelebt, sondern kollektiv festgelegt wird, stirbt der freie Wille. Dann wird aus Ethik ein Zwangskorsett – aus Freiheit eine verordnete Haltung.

Der Ausweg: Rückbesinnung auf das Eigene

In einer Welt, in der das Falsche als das Richtige verkauft wird, ist moralisches Handeln ein Akt der Rebellion. Das bedeutet nicht, sich absichtlich gegen alles zu stellen – sondern sich auf den inneren Kompass zu besinnen.

Was ist *mein* Empfinden für Recht und Unrecht? Was ist meine Wahrheit? Welche Sprache entspricht *mir*?

Nur wer sich von äußeren Dogmen löst, kann innerlich wahrhaftig handeln. Nicht, weil es erlaubt ist – sondern weil es echt ist.

Wahre Moral braucht keine Bühne. Sie wirkt still, entschieden – und manchmal unbequem. Genau darin liegt ihre Kraft.

KAPITEL 20 : PERVERSION UNTER DEM REGENBOGEN – WENN SCHUTZRÄUME FALLEN UND DIE UNSCHULD VERLOREN GEHT

Inmitten eines moralischen Vakuums, das durch Globalismus, Massenmigration und Identitätszersetzung geschaffen wurde, erhebt sich ein Symbol, das einst für Vielfalt und Hoffnung stand – der Regenbogen. Heute dient er als Flagge einer Ideologie, die vorgibt, Minderheiten zu schützen, während sie systematisch die Mehrheit destabilisiert. Eine Bewegung, die vorgibt, Befreiung zu bringen – und dabei in Wahrheit Normen zerstört, Familien zersetzt, Frauen entrechtet, Kinder entgrenzt und Männer entmündigt.

1. Frühsexualisierung – Ein Angriff auf die Unschuld

Kindergärten und Grundschulen im Westen werden zunehmend zu ideologischen Spielplätzen. Kinder sollen heute nicht mehr einfach Kinder sein. Stattdessen werden ihnen Begriffe wie „non-binär", „trans", „genderfluid" oder „polysexuell" eingetrichtert – oft ohne Zustimmung der Eltern. Die sexuelle Reifung wird aus ihrem natürlichen, schrittweisen Prozess gerissen und politisiert.

In Deutschland, Kanada, den Niederlanden oder Schweden gibt es inzwischen Unterrichtsmaterialien, die bereits Sechsjährigen erklären, wie sie sich selbst befriedigen können oder welche „Genderoptionen" es gibt. In Berlin wurde ein Leitfaden für Kitas veröffentlicht, in dem Erzieher*innen angewiesen werden, Kindern zu helfen, „ihr Geschlecht zu entdecken". In Norwegen durfte ein Vierjähriger in die Hormontherapie einsteigen – mit Zustimmung des Staates.

Die offizielle Begründung? Aufklärung und Inklusion.
Die Realität? Eine ideologische Frühsexualisierung, die tief-

greifend in die Entwicklung der Kinder eingreift und natürliche Schamgrenzen systematisch niederreißt.

2. Der Einbruch in Frauenräume

Unter dem Deckmantel der Gleichberechtigung wird die geschützte Sphäre der Frau systematisch ausgehöhlt. Männer, die sich als „Frauen" identifizieren, erhalten Zugang zu Frauensaunen, Umkleiden, Duschen und sogar Frauenhäusern – selbst dann, wenn sie äußerlich ganz klar als Männer erkennbar sind.

In Großbritannien etwa kam es zu mehreren Fällen, in denen biologisch männliche Sexualstraftäter sich als trans „ausgaben" – und so in Frauengefängnisse verlegt wurden, wo es zu weiteren Übergriffen kam. In Kanada musste ein Frauenhaus schließen, weil es sich weigerte, biologische Männer aufzunehmen. In den USA wurde eine Frau gefeuert, weil sie sich dagegen aussprach, mit einem bärtigen „Transkollegen" in einer engen Kabine zu duschen.

Faktisch erleben Frauen heute einen Rückfall – aber keiner spricht darüber. Die Regenbogen-Agenda hat den Feminismus gekapert und pervertiert.

3. CSD, „Pride" und der Kult des Entblößens

Die sogenannten „Pride Parades" sind längst keine Feier der Vielfalt mehr. In Städten wie Köln, Berlin, Amsterdam, San Francisco oder Toronto verwandeln sich ganze Straßenzüge in explizit sexuelle Performances. Halbnackte Männer simulieren Sex auf Lastwagen, Kinder stehen am Straßenrand. Gummimasken, Peniskostüme, Bondage-Auftritte – alles erlaubt, alles gefeiert. Und wehe dem, der fragt, ob das noch angemessen ist.

Warum eigentlich „Pride"?

Was genau ist daran „stolz", wenn man sich öffentlich sexualisiert? Warum müssen sexuelle Vorlieben zur politischen Identität erhoben werden?

Stell dir vor, ein heterosexuelles Paar würde halbnackt durch Berlin laufen, sich dabei ablecken, Kinder mit Kondomen bewerfen und ein Schild tragen mit „Hetero und stolz". Der Aufschrei wäre ohrenbetäubend. Die mediale Hinrichtung garantiert.

Doch unter dem Regenbogen darf alles – Kritik ist verboten.

4. Sprachzensur und Begriffsverdrehung

Die neue Sprachmoral ist gnadenlos. Aus Frauen werden „gebärende Personen". Aus Männern „Menschen mit Prostata". Wer sagt, dass es zwei biologische Geschlechter gibt, steht unter Extremismusverdacht. Schulbücher werden umgeschrieben, Bibelübersetzungen gegendert, selbst Behörden und Gerichte unterwerfen sich dem Wahn.

In den USA wurden Lehrer entlassen, weil sie es ablehnten, Kinder mit deren „gewünschten Pronomen" anzusprechen. In Deutschland wird offen diskutiert, ob „Fehlgendern" als Straftat gewertet werden soll. Es geht nicht mehr um Verständnis, sondern um Umerziehung.

Das Ziel: Die Auflösung jeder festen Identität – zugunsten einer formbaren, steuerbaren Masse.

5. Migration und Regenbogen – Zwei Seiten derselben Agenda?

Auffällig ist: Die LGBTQXYZ-Agenda wird besonders aggressiv in den Ländern durchgesetzt, die gleichzeitig eine offene Mi-

grationspolitik verfolgen. Deutschland, Schweden, Kanada,
Frankreich, die USA – allesamt Länder mit Massenzuwande-
rung und gleichzeitig aggressiver Queer-Agenda.

Zufall? Kaum.

Was haben Migration und Genderwahn gemeinsam?
Sie lösen kulturelle, sprachliche und geschlechtliche Identität
auf. Sie zerstören die Basis, auf der sich ein Volk selbst erkennt. Sie schwächen den inneren Halt – und machen Platz
für eine neue, globalistisch formbare Identität: geschlechtslos,
wurzellos, konsumgesteuert.

6. Der Blick ins Ausland – Wo Grenzen noch zählen

Nicht überall herrscht diese Irrationalität. Länder wie Russland, Ungarn, Polen oder neuerdings auch Teile Afrikas (z. B.
Nigeria, Uganda) wehren sich aktiv gegen diese Agenda.

In Russland wurde „LGBTQ+-Propaganda" gegenüber Minderjährigen gesetzlich verboten. In Ungarn dürfen Eltern bestimmen, was ihre Kinder in Sachen Sexualität lernen – die Gende-
rideologie ist aus Schulen verbannt. In Polen wurden
sogenannte „LGBT-freie Zonen" ausgerufen, in denen klassische Familienwerte bewusst gefördert werden.

Und siehe da:
Die Kriminalitätsraten in Frauenhäusern sind niedriger, die
Geburtenraten steigen leicht, Kinder wachsen in stabileren
Familienstrukturen auf. Frauenräume bleiben geschützt, und
die biologische Realität bleibt Grundlage für Gesetz und Spra-
che.

7. Fazit: Eine Ideologie frisst ihre Kinder

Was wir heute erleben, ist keine Emanzipation. Es ist keine Toleranz. Es ist eine Umerziehungswelle, die mit der Sprache beginnt, über die Kinderzimmer schwappt und am Ende die letzten natürlichen Unterschiede zwischen Mann und Frau, Kind und Erwachsenem, Wahrheit und Lüge einebnet.

Diese Agenda hat nichts mit Liebe oder Respekt zu tun. Sie ist ein Werkzeug zur Kontrolle – zur Zersetzung des alten Menschenbildes, das auf Natürlichkeit, Polarität, Schutz und Verantwortung basiert. Sie schafft ein neues Menschenbild: entgrenzt, sexualisiert, bindungslos, steuerbar.

Wer das erkennt, muss den Mut haben, laut zu widersprechen – auch wenn der Applaus ausbleibt. Denn es geht nicht um Toleranz. Es geht um Wahrheit. Und um den Schutz derer, die sich selbst (noch) nicht schützen können.

KAPITEL 21: DIE ENTWERTUNG DER MUTTER – WARUM WEIBLICHKEIT UNTER BESCHUSS STEHT

Sie war einst das Zentrum allen Lebens: die Mutter. Hüterin des Ursprungs, Verkörperung der Nähe, des Schutzes, das erste Zuhause. Heute jedoch wird Mutterschaft zur Belastung erklärt, zur Krankheit, zur veralteten Rolle. Weiblichkeit steht unter Dauerbeschuss – und das ist kein Zufall. Die systematische Entwertung der Mutterrolle ist kein Nebeneffekt moderner Gesellschaften, sondern ein gezielt gesteuerter Angriff auf das Fundament menschlicher Bindung und natürlicher Identität.

1. Der Kult der „Unabhängigkeit"

Frauen wird heute eingeimpft, sie müssten „unabhängig" sein – vor allem von Kindern, Männern und Familie. Karriere wird zum Heilsversprechen, Geburten zum Problemfall, Betreuung wird outgesourct. Mutterschaft, einst ein Lebenshöhepunkt, wird dargestellt als Rückschritt, als Verzicht auf „Selbstverwirklichung".

Wenn Mutterschaft entwertet wird, wird Weiblichkeit entwertet.

Denn weibliche Energie ist – ob man das ideologisch mag oder nicht – schöpferisch, empfangend, verbindend. Wer das nicht nur ignoriert, sondern aktiv bekämpft, kämpft gegen das Wesen der Frau selbst.

2. Die „Emanzipation" als Trojanisches Pferd

Die sogenannte Emanzipation wurde oft nicht aus natürlicher Entwicklung geboren, sondern gezielt von Interessengruppen befeuert – aus ökonomischem und ideologischem Kalkül.

Ein Beispiel: In den 1920ern warb die amerikanische Tabakindustrie mit einer groß angelegten Kampagne gezielt um weibliche Raucher. **Edward Bernays**, der „Vater der Propaganda", inszenierte Frauen, die während der Ostermärsche Zigaretten als „Fackeln der Freiheit" rauchten – im Auftrag von American Tobacco. Ziel: Frauen sollten arbeiten, konsumieren – und dem klassischen Familienmodell den Rücken kehren.

Emanzipation wurde zur Ware – und zur Waffe.

Mit dem Bild der „starken, unabhängigen Frau" wurde subtil das Bild der fürsorglichen Mutter ausgetauscht. Feminismus wurde instrumentalisiert: Nicht um Frauen zu stärken, sondern um sie aus der Familie herauszubrechen.

3. Kinder den Müttern entreißen – Die neue Normalität

Was geschieht mit den Kindern, wenn die Mutter werktags „selbstverwirklicht"?
Sie landen in **Fremdbetreuung** – oft schon ab wenigen Monaten.

- Die WHO empfiehlt mindestens **2 Jahre Stillzeit** – aber Kinder landen mit 6 Monaten in der Krippe.

- Die Bindungsforschung (Bowlby, Ainsworth) belegt, wie tief frühe Trennung traumatisieren kann.

- Trotzdem wird der Krippenplatz als „Fortschritt" gefeiert.

Das Ziel ist klar: **Frühtrennung. Frühindoktrination. Frühverfügbarkeit.**

Wer die Kinder kontrolliert, kontrolliert die Gesellschaft von morgen.

Kindergärten und Schulen werden zunehmend zu Erziehungs- statt Bildungsstätten. Dort lernt das Kind:

- Dass „Eltern" ersetzbar sind

- Dass Bindung nicht notwendig ist

- Dass Werte und Identität „konstruiert" werden können

4. Gender-Ideologie als Kriegswerkzeug

Die Gender-Theorie behauptet, Geschlecht sei nur ein soziales Konstrukt. Biologie? Spielt keine Rolle mehr. Weiblichkeit und Männlichkeit werden nivelliert, verwischt, umerzogen. Kinder sollen schon im Kindergarten „genderneutral" denken, Mädchen nicht „zu weiblich", Jungen nicht „zu männlich" sein.

Mutterschaft wird in dieser neuen Welt zur zufälligen Funktion eines „gebärfähigen Körpers".

Frauen werden zu „Menstruierenden", „Gebärenden", „Elternteil A". Sprache wird entmenschlicht – und damit auch das Mütterliche.

5. Leihmutterschaft & Reproduktionstechnologie: Die Frau als Dienstleisterin

In vielen Ländern – besonders im Westen – wird Leihmutterschaft legalisiert oder schleichend akzeptiert. Was romantisch als „Wunschelternschaft" verpackt wird, bedeutet in der Praxis:

- Frauen aus ärmeren Ländern „vermieten" ihre Gebärmutter
- Babys werden nach Maß produziert
- Bindung zur leiblichen Mutter wird aktiv verhindert

Das Kind wird zur Ware – die Frau zur Verpackung.

Diese Praxis entkernt die Mutterschaft ihrer natürlichen Dimension und ersetzt sie durch einen industriellen, funktionalen Akt.

6. Mutterliebe als Bedrohung?

In einer Zeit der Vereinzelung und Technokratie ist echte, tiefe Bindung subversiv. Mutterliebe ist jedoch genau das: instinktiv, kompromisslos, nicht kontrollierbar. Sie widerspricht jedem Konzept der totalen Kontrolle, der planbaren Biografie, der staatlich normierten Lebensweise.

Eine Mutter, die für ihr Kind kämpft, lässt sich nicht leicht umerziehen.

Deshalb muss sie ersetzt werden – durch Kitas, durch Betreuungssysteme, durch Institutionen. „Frühkindliche Förderung" ist das Tarnwort für Frühtrennung und emotionale Abriegelung.

7. Der neue Feminismus – Feindbild Weiblichkeit?

Der heutige Feminismus kämpft kaum noch für Frauen – sondern oft **gegen das Weibliche**. Mutterschaft? Gilt als Unter-

werfung. Hausfrau? Als Verräterin. Weiblichkeit? Als Klischee.
Stattdessen wird Frauen empfohlen:

- Männer zu imitieren

- Emotionen zu unterdrücken

- Sich über Leistung zu definieren

Was einst das Wesen der Frau war, wird zur Schwäche erklärt.

Der Körper wird zur Projektionsfläche für politische Kämpfe –
von Abtreibungsfragen über Hormontherapien bis hin zur
Transagenda, die biologische Frauen zunehmend aus sportli-
chen, sozialen und rechtlichen Räumen verdrängt.

8. Die psychische Folge: Entwurzelung

Was bleibt, wenn Frauen nicht mehr wissen dürfen, was sie
sind? Wenn Mutterschaft zur Last wird, Weiblichkeit zur Pro-
jektion, Identität zur Ideologie?

Es bleibt: Entfremdung. Einsamkeit. Selbstverachtung. Ein
Vakuum, das von Konsum, Leistung und Ablenkung gefüllt
wird – aber nie von Sinn.

Die systematische Entwertung der Mutter ist Teil eines größeren Plans:
Zerstöre die Wurzel, und der Mensch fällt.

Fazit

Mutterschaft ist kein Rollenspiel. Sie ist Ursprung. Kraft. Verbindung.
Eine Gesellschaft, die ihre Mütter verachtet, ist eine Gesellschaft auf dem Weg in den Zerfall.
Die Rückkehr zur wahren Weiblichkeit, zur Würde der Mutter –

sie ist kein Rückschritt.
Sie ist ein Akt der Rebellion.

Glossar:

- **Leihmutterschaft:** Praxis, bei der eine Frau ein Kind für eine andere Person oder ein Paar austrägt.

- **Gender-Ideologie:** Politisch motivierte Auffassung, dass Geschlechterrollen ausschließlich sozial konstruiert seien.

- **Frühtrennung:** Pädagogischer Begriff für die Trennung von Kleinkindern von der primären Bezugsperson (i. d. R. der Mutter).

- **Gebärende Person:** Begriff aus der „genderneutralen" Sprache, der „Mutter" ersetzen soll.

- **Emanzipation:** Ursprünglich: Befreiung aus Abhängigkeit – heute oft als wirtschaftliche Integration in ein System verwendet.

KAPITEL 22: DIE ZERSTÖRUNG DER FAMILIE – VEREINZELUNG ALS SYSTEM

Wie Familie zur Feindfigur gemacht wird: Steuerpolitik, Genderrollen, Frühtrennung, Jobzwang.

Einst war die Familie der sicherste Raum, den ein Mensch kannte – Ort der Liebe, Herkunft, Geborgenheit, Verantwortung und Zugehörigkeit. Heute ist sie Zielscheibe einer Politik, die mit sanfter Gewalt auf Auflösung drängt. Was wie Modernisierung aussieht, entpuppt sich bei genauerer Betrachtung als systematische Zersetzung einer uralten sozialen Struktur. Der Mensch soll nicht mehr durch Bindung getragen, sondern durch Institutionen verwaltet, durch Ideologie geformt und durch Abhängigkeiten kontrolliert werden.

1. Steuerpolitik: Der ökonomische Anreiz zur Trennung

Wer als Familie zusammenlebt, hat ökonomisch oft das Nachsehen. Besonders Alleinerziehende werden in vielen Ländern – scheinbar fürsorglich – finanziell bevorzugt. Was auf dem Papier wie soziale Gerechtigkeit wirkt, führt in der Praxis zu einer subtilen Belohnung von Trennung. Intakte Ehen mit einem Alleinverdiener stehen oft schlechter da als zwei getrennt lebende Eltern mit je eigenem Einkommen und Transferleistungen.

Beispiele:

- **In Deutschland** ist das sogenannte Ehegattensplitting zwar ein Relikt des alten Familienbildes, steht aber permanent unter politischem Beschuss. Gleichzeitig profitieren unverheiratete Paare oder Alleinerziehende von steuerlichen Vorteilen und staatlichen Zuschüssen.

- **In Schweden** wird eine durchgehende Individualbesteuerung praktiziert, die es praktisch unattraktiv macht, als Familie mit nur einem Hauptverdiener zu leben.

- **Betreuungskosten** für Kinder werden oft nur bei Erwerbstätigkeit der Mutter erstattet – ein klarer Anreiz gegen häusliche Erziehungsmodelle.

Diese Politiken fördern keine Gleichstellung, sondern erzeugen Abhängigkeit vom Staat und machen die natürliche familiäre Solidarität ökonomisch unattraktiv.

2. Genderrollen: Die gezielte Auflösung von Identitäten

Was als „Befreiung" verkauft wird, entpuppt sich als gesellschaftliches Umerziehungsprogramm. Die klare Identifikation mit der Rolle von Mutter, Vater, Sohn oder Tochter wird zunehmend pathologisiert. Gender-Ideologie löst biologische Tatsachen in „soziale Konstrukte" auf. Die Folge: Verwirrung statt Orientierung.

Wer heute sagt, dass Frauen und Männer unterschiedliche Bedürfnisse, Talente oder Aufgabenbereiche haben könnten, gilt schnell als rückständig oder gar gefährlich. Doch was macht es mit einem Kind, wenn es weder weiß, wer Mama ist, noch was einen Vater ausmacht? Wenn es nicht einmal mehr sicher ist, ob es selbst ein Junge oder ein Mädchen ist?

Beispiele:

- In **Kalifornien** dürfen Kinder bereits im Vorschulalter ihr „Gender" frei wählen. Die Erziehung rät explizit von elterlicher Einflussnahme ab.

- **Kindergärten in Deutschland** werden mit Gender-literatur ausgestattet, in der kleine Jungen Stöckel-schuhe tragen und kleine Mädchen ihren Penis suchen.

- In **Kanada** ist es Eltern gerichtlich untersagt worden, sich gegen eine Geschlechtsumwandlung ihres minderjährigen Kindes zu stellen – es gilt als „Kindeswohlgefährdung".

Diese Entwicklungen sind kein Fortschritt, sondern ein Angriff auf die gesunde psychosexuelle Entwicklung.

3. Frühtrennung: Der Zugriff auf die Kinder

Nie zuvor war der staatliche Zugriff auf Kinder so früh, so tief und so umfassend wie heute. Unter dem Banner der „frühkindlichen Förderung" werden Säuglinge in Krippen gegeben, Kleinkinder in Ganztags-Kitas übergeben – meist mit dem Ziel, die Eltern arbeitsmarktkonform zu machen.

Die Folgen sind gut dokumentiert:

- **Bindungsstörungen**, Aggressivität, seelische Unruhe.

- Mangel an emotionaler Reife, da die primäre Bezugsperson fehlt.

- Spätere Schulprobleme und erhöhte Suchtanfälligkeit.

Beispiele:

- In **Frankreich** werden Kinder mit drei Jahren verpflichtend eingeschult.

- In **Deutschland** wurde mit dem „Rechtsanspruch auf einen Kita-Platz ab dem ersten Lebensjahr" faktisch ein Erziehungsmonopol der Eltern abgeschafft.

- In **China** sind Großeltern oft die Hauptbezugsperso-
  nen – auch hier zeigt sich: Wo Familie ersetzt wird,
  leidet die Entwicklung der Kinder.

Der Trend ist eindeutig: Der Staat beansprucht das Recht auf
die Seelenbildung der Kinder – die Eltern werden zu Randfigu-
ren degradiert.

4. Jobzwang: Arbeiten statt erziehen

Die Befreiung der Frau wurde zur Pflicht zur Erwerbsarbeit.
Wer heute als Frau nicht „arbeiten geht", gilt schnell als faul,
unterwürfig oder „vom Mann abhängig". Dabei wird bewusst
ignoriert, dass die Fürsorgearbeit innerhalb der Familie ebenfalls Arbeit ist – oft die wichtigste.

Der Jobzwang hat zwei fatale Folgen:

1. Kinder erleben ihre Eltern kaum noch in Alltagssitua-
   tionen, lernen kaum noch durch Nähe.

2. Die Eltern – insbesondere die Mütter – sind dauerhaft
   überlastet, zerrissen zwischen Familie und Erwerbs-
   welt.

Ein echter „Wahlfreiheit"-Diskurs findet nicht statt. Nur Erwerbstätigkeit gilt als gesellschaftlich vollwertig.

Beispiele:

- Werbung wie „You've come a long way, baby" (Virgi-
  nia Slims) verband Zigaretten mit Emanzipation: „Du
  darfst jetzt auch deine Lunge zerstören – wie Männer."

- **Gender Mainstreaming** in politischen Programmen
  bedeutet faktisch die Vollerwerbstätigkeit beider
  Eltern – alles andere ist „rückständig".

- Mütter, die sich für das klassische Rollenmodell entscheiden, werden als antifeministisch verunglimpft.

5. Die psychologische und strategische Funktion der Vereinzelung

Der Vereinzelte ist der perfekte Konsument. Der Vereinzelte ist steuerbar. Der Vereinzelte hat keinen Rückhalt und keine Loyalität außer zum System selbst.

In der klassischen Familie lernt der Mensch:

- Verantwortung füreinander zu übernehmen

- Konflikte auszutragen und auszuhalten

- Identität in einer Generationenkette zu finden

- Bindung, Liebe, Selbstwert

Wird die Familie ersetzt durch Institutionen, dann wird der Mensch:

- leichter formbar

- abhängiger von Behörden

- emotional entwurzelt

- ideologisch lenkbar

6. Staaten, die gegensteuern – und warum es dort sicherer ist

In Ländern wie **Russland, Polen, Ungarn** oder auch Teilen **Afrikas** wird das klassische Familienmodell nicht nur erhalten, sondern aktiv gestärkt. Die Mutterrolle wird respektiert, Abtreibung ist seltener, Gender-Ideologie wird kritisch beäugt oder abgelehnt.

Ungarn etwa fördert Familien mit großzügigen Kindergeldzahlungen, Steuerfreiheit für kinderreiche Mütter, Wohnzuschüsse und gezielte Ablehnung von LGBTQ-Ideologien in Schulen.

Russland hat den Begriff „Gender" aus vielen Bildungsplänen entfernt, die traditionelle Ehe verfassungsmäßig geschützt und LGBT-Propaganda gegenüber Minderjährigen verboten.

Diese Länder erleben – unabhängig von anderen politischen Debatten – eine höhere Geburtenrate, stabilere familiäre Bindungen und weniger soziale Vereinsamung.

Fazit: Ohne Familie keine Freiheit

Die Familie ist nicht rückständig – sie ist revolutionär. Sie schützt den Menschen vor Vereinzelung, vor Abhängigkeit, vor systemischer Entwurzelung. Ihre Zerstörung ist kein Kollateralschaden moderner Gesellschaften – sie ist ein ideologisch und politisch gewolltes Ziel.

Der Widerstand gegen diese Entwicklung beginnt im Kleinen: mit Rückbesinnung, mit Mut zur klassischen Familie, mit der Verteidigung der Mutterrolle, mit echter Vaterverantwortung. Wer heute Familie lebt, lebt bereits im stillen Widerspruch gegen eine entfremdete Welt.

Glossar wichtiger Begriffe

Gender-Ideologie
Ein ideologisches Konstrukt, das biologische Geschlechtsunter-
schiede durch soziale Zuschreibungen ersetzt. Zielt auf die
Auflösung klassischer Rollenbilder und die Etablierung beliebi-
ger „Identitäten".

Frühtrennung
Der staatlich oder wirtschaftlich forcierte Trend, Kinder mög-
lichst früh aus dem familiären Umfeld zu lösen – meist durch
Krippe, Kita oder Ganztagsbetreuung – unter dem Vorwand
der „Förderung".

Jobzwang
Gesellschaftlicher und finanzieller Druck, insbesondere auf
Mütter, einer Erwerbstätigkeit nachzugehen, auch wenn der
Wunsch nach häuslicher Erziehungsarbeit besteht.

Vereinzelung
Strategie zur Schwächung natürlicher Bindungen durch Auflö-
sung stabiler sozialer Strukturen wie Familie, Gemeinschaft,
Glaube – zugunsten systemischer Kontrolle.

Ehegattensplitting
Steuerregelung in Deutschland, die das Einkommen beider
Ehepartner gemeinsam veranlagt – aktuell unter Druck, weil
es angeblich „traditionelle Rollenbilder" fördere.

Bindung
Frühe emotionale Beziehung eines Kindes zur Hauptbezugs-
person, meist der Mutter – Grundlage für seelische Gesundheit. Frühtrennung kann diese Bindung massiv stören.

**„Frühkindliche Erziehung ist heute oft nichts anderes
als frühkindliche Entwurzelung."**
– Freier Autor

Familienschutz nach Ländern (Europa):

In **Deutschland** ist der Familienschutz schwach ausgeprägt, während die Gender-Ideologie staatlich gefördert wird. Die frühkindliche Trennung beginnt meist ab einem Alter von einem Jahr, und die Förderung in diesem Bereich ist insgesamt gering.

In **Ungarn** hingegen ist der Familienschutz stark, die Gender-Ideologie an Schulen verboten, und eine frühkindliche Trennung ist nicht verpflichtend. Die Förderung der Familie ist dort hoch.

Russland schützt die Familie sogar mit Verfassungsrang, die Gender-Ideologie ist gesetzlich verboten, und auch hier gibt es keine Pflicht zur frühkindlichen Trennung. Die Förderung ist ebenfalls hoch.

In **Schweden** ist der Familienschutz eher schwach, die Gender-Ideologie wird früh und umfassend vermittelt, und eine frühkindliche Trennung ab einem Jahr ist Standard. Die Förderung ist hoch und stark ideologisch geprägt.

Polen zeigt sich stabil im Familienschutz, mit eingeschränkter Gender-Ideologie und keiner Pflicht zur frühkindlichen Trennung. Die Förderung wird als gut bewertet.

Frankreich hingegen weist einen bürokratisierten Familienschutz auf, Frühsexualisierung wird gefördert, eine frühkindliche Trennung ist ab drei Jahren Pflicht, und die Förderung ist eingeschränkt.

„Die Familie ist das erste Bollwerk gegen den Totalitarismus."
– Viktor Orbán

„Wer die Kinder hat, hat die Zukunft – wer die Mütter kontrolliert, hat die Kinder."
– Unbekannt

KAPITEL 23: DER NEUE GOTT STAAT – KONTROLLE IM NAMEN DER FÜRSORGE

In der modernen Gesellschaft hat der Staat zunehmend Anspruch darauf erhoben, das Leben seiner Bürger nicht nur im öffentlichen Raum, sondern bis in die intimsten Bereiche zu kontrollieren. Diese Entwicklung ist keine Laune der Gegenwart, sondern Teil einer langen historischen Dynamik, in der sich Machtstrukturen immer mehr verdichten und legitimieren – oft unter dem Deckmantel der „Fürsorge". Dabei ist der „neue Gott Staat" ein Begriff, der darauf hinweist, wie der Staat heute oft als allumfassende Instanz wahrgenommen wird, die mit gottähnlichem Anspruch in das Leben der Menschen eingreift.

Historische Perspektive: Von Fürsorge zum Kontrollstaat

Schon im 19. und frühen 20. Jahrhundert war der moderne Sozialstaat auf dem Vormarsch. Max Weber beschrieb den Staat als „diejenige menschliche Gemeinschaft, welche innerhalb eines bestimmten Gebiets das Monopol legitimer physischer Gewaltsamkeit für sich beansprucht". Doch über die bloße Gewalt hinaus wurde der Staat auch zum Regulator des sozialen Lebens – mit einem Anspruch auf „Wohlfahrt" und „Fürsorge".

Im 20. Jahrhundert führten Krisen wie Weltkriege und Wirtschaftskrisen zu einem Ausbau staatlicher Eingriffe in Gesundheitssysteme, Bildung und Sozialpolitik. Doch während früher Fürsorge vor allem Schutz bedeutete, wandelte sich dieser Begriff zunehmend zu einem Instrument systematischer Kontrolle. Die DDR oder die Sowjetunion zeigen Extreme dieses Modells, aber auch westliche Demokratien greifen immer tiefer in persönliche Freiheiten ein – oft gut gemeint, aber mit weitreichenden Folgen.

Beispiele aktueller Kontrolle im Namen der Fürsorge

Frühkindliche Förderung und Jugendämter

Ein Beispiel für staatliche Kontrolle im Familienbereich sind Jugendämter in Deutschland. Deren Aufgabe ist es, das Kindeswohl zu schützen. Doch immer wieder berichten Familien von Eingriffen, die als übergriffig empfunden werden – von regelmäßigen Hausbesuchen bis hin zur zwangsweisen Herausnahme von Kindern.

In einigen Fällen resultieren solche Maßnahmen aus „Verdachtsmomenten", die häufig wenig konkret sind. Die Folge: Eine Atmosphäre des Misstrauens zwischen Familien und Behörden, in der das Grundrecht auf Privatsphäre und elterliche Selbstbestimmung ausgehöhlt wird.

Gesundheitspolitik und Impfpflichten

Die Corona-Pandemie zeigte exemplarisch, wie schnell staatliche Fürsorge in Pflicht und Kontrolle umschlagen kann. Impfkampagnen wurden teilweise mit Zwangsmaßnahmen, Zugangsbeschränkungen und Überwachung begleitet – alles unter dem Vorwand des Gesundheitsschutzes. Kritiker sahen darin eine Verschiebung hin zu einem „Überwachungsstaat", der die individuelle Freiheit massiv einschränkt.

Gender-Ideologie und Bildungsinhalte

Ein weiteres aktuelles Feld ist die Einflussnahme auf Bildung und Erziehung, besonders im Zusammenhang mit Gender-Themen. Viele westliche Staaten fördern staatlich Genderunterricht und entsprechende Programme, die Familienvorgaben und biologische Unterschiede hinterfragen. Kritiker bemängeln, dass solche Eingriffe in das Erziehungsrecht der Eltern und die Privatsphäre von Kindern staatliche Kontrolle über das Denken und die Identitätsbildung bedeuten.

NGOs und supranationale Organisationen: Die neuen Machtträger

Organisationen wie die UNO, WHO oder EU haben in den letzten Jahrzehnten immer mehr Einfluss auf nationale Gesetzgebungen genommen. Ihre Empfehlungen und Richtlinien werden oft verbindlich – ohne direkte demokratische Legitimation. NGOs treten als Brückenbauer auf, die in Verhandlungen zwischen Staaten Einfluss nehmen und gesellschaftliche Normen mitgestalten.

Beispielhaft ist die WHO, die Gesundheitsrichtlinien weltweit vorgibt. Während diese in vielen Fällen sinnvoll sind, besteht auch die Gefahr, dass sie zur globalen Normierung genutzt werden – ohne Rücksicht auf kulturelle Unterschiede oder nationale Selbstbestimmung.

Die EU wiederum ist bekannt für ihren Regulierungswahn, der oft weit über das hinausgeht, was nationale Parlamente oder Bürger wünschen. So entstanden etwa strenge Datenschutzregeln (DSGVO), die zwar den Datenschutz stärken, aber auch neue Kontrollmechanismen implementieren.

Zitat zur Macht des Staates und der Fürsorgepflicht

Der amerikanische Philosoph John Stuart Mill warnte bereits 1859 in seinem Werk *On Liberty*:

> „Der einzige Zweck, für den Macht rechtmäßig
> ausgeübt werden darf über ein Mitglied einer
> zivilisierten Gemeinschaft, gegen seinen Willen,
> ist die Verhinderung von Schaden für andere."

Dieses Zitat erinnert daran, dass Fürsorge nicht zu einer „Bevormundung" führen darf, die individuelle Freiheit unnötig einschränkt. Doch genau das geschieht heute immer häufiger – im Namen eines vermeintlichen Gemeinwohls.

Konsequenzen für Gesellschaft und Individuum

Die Folgen dieser Entwicklung sind tiefgreifend. Das Vertrauen in staatliche Institutionen schwindet, nicht zuletzt weil sich die Kontrolle immer mehr verdichtet und häufig undurchschaubar wird. Menschen fühlen sich überwacht, entmündigt und entrechtet.

Familien verlieren ihren Schutzraum. Kinder werden frühzeitig institutionalisiert, Eltern haben immer weniger Entscheidungsspielräume. Die natürliche Freiheit, sich als Individuum zu entfalten, wird durch gesellschaftlichen Druck und staatliche Normierung eingeschränkt.

Die Gefahr besteht, dass wir uns in einer Gesellschaft wiederfinden, die statt Selbstbestimmung eher Konformität und Anpassung fordert. Die Vielfalt menschlicher Lebensweisen wird verdrängt, zugunsten einer vermeintlich „richtigen" Lebensweise, die der Staat vorgibt.

Widerstand und Gegenstrategien

Trotz allem gibt es Wege, sich gegen diesen Kontrollanspruch zu wehren. Historisch gesehen hat sich jede Ausweitung staatlicher Macht auch einem Widerstand gegen Übergriffe ausgesetzt. Bürgerbewegungen, NGOs, unabhängige Medien und vor allem starke familiäre und soziale Netzwerke sind entscheidend, um Kontrolle zu begrenzen.

Wichtig ist eine bewusste Rückbesinnung auf Grundrechte und Freiheit. Dabei hilft Aufklärung, kritisches Bewusstsein und das Engagement für demokratische Teilhabe. Auch das Pflegen von Gemeinschaften jenseits staatlicher Kontrolle – wie alternative Bildungsinitiativen, Selbsthilfegruppen oder Netzwerke – stärkt die Selbstbestimmung.

Fallstudien: Kontrolle im Namen der Fürsorge in der Praxis

Deutschland: Jugendämter und frühe Eingriffe

In Deutschland sind Jugendämter oft die ersten staatlichen Institutionen, die Familien und Kinder direkt betreffen. Offiziell dienen sie dem Schutz des Kindeswohls – in der Praxis führen ihre Eingriffe aber nicht selten zu massiven Einschnitten in die elterliche Selbstbestimmung.

So kam es in den letzten Jahren mehrfach zu Fällen, in denen Kinder auf Verdacht aus Familien herausgenommen wurden, etwa bei Vorwürfen von Vernachlässigung oder schlechter Erziehung. Kritiker sprechen von einer „faktenfernen" Praxis, die häufig auf anonymer Anzeige beruht und kaum überprüfbar ist. Eltern berichten von Kontrollbesuchen, permanenter Beobachtung und mangelnder Transparenz.

Gleichzeitig werden Eltern, die sich gegen bestimmte staatliche Vorgaben stellen – etwa im Bereich der Impfpflicht oder bei der Ablehnung bestimmter Bildungsinhalte – oft als „Gefährder" eingestuft. Das schafft ein Klima der Angst und Selbstzensur.

Ungarn: Starker Familienschutz gegen Gender-Ideologie

Ungarn geht einen bewusst anderen Weg. Dort steht der Familienschutz im Verfassungsrang, und staatliche Maßnahmen sollen die Familie als Keimzelle der Gesellschaft stärken. Die Regierung verbietet die Vermittlung von Gender-Themen an Schulen und setzt auf eine konservative Familienpolitik.

Die Folge: Während in vielen westlichen Staaten Gendererziehung und Frühsexualisierung stark gefördert werden, versucht Ungarn, den Einfluss des Staates in die Erziehung der Kinder auf eine traditionelle, familiäre Grundlage zu beschränken. Die

Familien behalten so einen größeren Schutzraum vor staatlicher Einflussnahme.

Diese Politik wird international kritisiert, doch sie zeigt, dass Kontrolle und Fürsorge sehr unterschiedlich ausgestaltet sein können – und dass es Alternativen zu einem „neuen Gott Staat" gibt, der in jede Lebensentscheidung eingreift.

Schweden: Frühkindliche Förderung und ideologische Förderung

Schweden gilt oft als Vorreiter im Bereich Frühförderung und Gleichstellung. Der Staat bietet umfangreiche Betreuung und Bildung für Kinder ab einem Jahr an. Gleichzeitig wird dort seit Jahrzehnten Gender-Erziehung staatlich gefördert.

Die Schweden setzen stark auf eine umfassende staatliche Fürsorge, die alle Bereiche des Lebens abdecken soll – Bildung, Gesundheit, soziale Integration. Doch Kritiker bemängeln, dass dies mit einer starken ideologischen Prägung einhergeht, die individuelle Freiheiten einschränkt und Eltern das Recht nimmt, über die Erziehung ihrer Kinder frei zu entscheiden.

Die Balance zwischen Fürsorge und Kontrolle wird hier besonders deutlich und zeigt, wie weit der Staat in intime Bereiche vordringen kann.

Frankreich: Bürokratisierung und Pflichtregelungen

In Frankreich ist die staatliche Kontrolle besonders bürokratisch ausgeprägt. So gilt beispielsweise ab einem Alter von drei Jahren eine Pflicht zur Betreuung in staatlichen Einrichtungen, was Familien stark an staatliche Vorgaben bindet.

Zudem gibt es eine lange Tradition der Laizität, die sich im Bereich Bildung und sozialer Kontrolle niederschlägt. Der Staat greift hier auf eine Art „überwachende Fürsorge" zurück, die

Kinder frühzeitig in ein staatliches System eingliedert und Familien kaum Autonomie lässt.

Diese bürokratische Kontrolle führt häufig zu einem Gefühl der Entfremdung und Entmündigung bei Eltern und Kindern.

Diese Fallstudien zeigen deutlich, dass „Kontrolle im Namen der Fürsorge" weltweit unterschiedlich praktiziert wird – mit teils sehr unterschiedlichen Folgen für die Freiheit und Intimsphäre der Menschen. Sie verdeutlichen aber auch, wie tiefgreifend der „neue Gott Staat" in unsere Lebenswelt eindringt, und wie wichtig es ist, das Bewusstsein für diese Entwicklungen zu schärfen und Alternativen zu suchen.

KAPITEL 24: TRANSHUMANISMUS – DIE TECHNOLOGISCHE KOLONISIERUNG DES KÖRPERS

In unserer Zeit vollzieht sich ein tiefgreifender Wandel: Die Grenzen zwischen Mensch und Maschine verschwimmen immer mehr. Der Transhumanismus, der Traum von der Überwindung der natürlichen menschlichen Begrenzungen durch Technologie, prägt zunehmend Gesellschaft, Wissenschaft und Alltag. Ob digitale Identitäten, Genmanipulation oder Gehirn-Computer-Schnittstellen – die technologische Kolonisierung des Körpers ist in vollem Gang. Doch mit diesem Fortschritt wächst auch der Optimierungswahn, der den Menschen seiner Natürlichkeit und Freiheit berauben kann.

Was ist Transhumanismus?

Transhumanismus bezeichnet eine Denkrichtung und Bewegung, die darauf abzielt, die biologischen Beschränkungen des Menschen durch technologische Mittel zu überwinden und ihn „zu verbessern". Dies reicht von der Heilung bislang unheilbarer Krankheiten über genetische Eingriffe bis hin zur Integration von Maschinen in den menschlichen Körper. Transhumanisten sprechen von einer neuen Evolution – einer „Post-Human"-Ära.

Kritiker warnen jedoch, dass diese Entwicklung den Menschen seiner Authentizität beraubt, indem sie ihn zum Objekt technischer Manipulation macht und die natürliche Vielfalt sowie individuelle Freiheit einschränkt.

Digitale Identität: Der Mensch als Datensatz

Die digitale Identität ist heute kaum noch von der realen zu trennen. Durch Smartphones, Wearables, Gesichtserkennung und biometrische Daten werden alle Aspekte unseres Lebens erfasst, digitalisiert und gespeichert. Unsere Bewegungen, Gespräche, Gesundheitsdaten und Vorlieben – alles fließt in riesige Datensammlungen ein.

Diese digitalen Abbilder können von Unternehmen, Versicherungen oder Behörden ausgewertet werden, um Verhalten zu prognostizieren, Entscheidungen zu treffen oder Menschen zu klassifizieren. Der Mensch wird so zunehmend zum Datensatz, der manipuliert, optimiert und kontrolliert werden kann – ein Schatten seiner selbst.

Das birgt große Risiken: Datenschutzverletzungen, algorithmische Diskriminierung und der Verlust der Privatsphäre werden zur Normalität. Die digitale Identität überlagert die körperliche Präsenz und formt unser Selbstverständnis neu.

Genmanipulation: Die Programmierung des Lebens

Die Entdeckung und Anwendung der Gen-Schere CRISPR-Cas9 ermöglicht es, menschliche Gene präzise zu verändern. Die Heilung von Erbkrankheiten erscheint plötzlich greifbar, doch das Potenzial reicht weit darüber hinaus.

Forscher arbeiten bereits an Möglichkeiten, Intelligenz, Aussehen, Körperkraft oder sogar psychische Eigenschaften genetisch zu beeinflussen. Eine neue Ära der „Designer-Babys" kündigt sich an – Kinder mit vorab festgelegten Eigenschaften.

Die ethischen Fragen sind enorm: Wer entscheidet, welche Merkmale „verbessert" werden? Wie verhindern wir eine neue

Eugenik, die soziale Ungleichheit verschärft? Und welche Langzeitfolgen hat die Manipulation des menschlichen Erbguts?

Bereits jetzt ist absehbar, dass die genetische Optimierung zum Prestigeobjekt der Wohlhabenden werden könnte – eine technologische Kluft, die soziale Spaltungen vertieft.

Verschmelzung Mensch–Maschine: Cyborgs, Implantate und Neuralink

Die Verschmelzung von Mensch und Maschine ist keine Zukunftsvision mehr, sondern Realität. Herzschrittmacher, Cochlea-Implantate oder künstliche Gliedmaßen helfen heute bereits Menschen, ein normales Leben zu führen.

Ein besonders prominentes Projekt in diesem Bereich ist Elon Musks Neuralink, ein Unternehmen, das eine direkte Schnittstelle zwischen Gehirn und Computer entwickeln will. Mit winzigen Implantaten soll es möglich werden, Gedanken zu lesen, Krankheiten zu behandeln und schließlich Menschen mit künstlicher Intelligenz zu verschmelzen.

Neuralink könnte Menschen helfen, Sprach- oder Mobilitätseinschränkungen zu überwinden, birgt aber auch Risiken: Die Kontrolle über das eigene Gehirn wird potentiell angreifbar – sei es durch Hacking, staatliche Überwachung oder kommerzielle Interessen.

Zudem stellt sich die fundamentale Frage: Was bedeutet Menschsein, wenn unser Bewusstsein durch Maschinen erweitert oder verändert wird? Wird der Cyborg zur neuen Norm, verlieren wir den Kern unserer Identität?

Optimierungswahn: Die gesellschaftliche Verheißung von Perfektion

Der Drang zur technischen und genetischen Optimierung führt zu einem gesellschaftlichen Druck, dem kaum jemand entkommen kann. Fitness-Tracker, Nootropika („Smart Drugs"), Anti-Aging-Produkte, biohacking und personalisierte Medizin sind Ausdruck eines Optimierungswahns, der den Menschen als Projekt begreift.

Diese permanente Selbstoptimierung führt zu Entfremdung vom eigenen Körper und erhöhtem Stress. Natürliche Schwächen, Krankheiten oder Alterung gelten als Makel, die es zu eliminieren gilt.

Zugleich entsteht eine neue Form der sozialen Kontrolle: Wer sich nicht „verbessert", läuft Gefahr, abgehängt oder als „unproduktiv" abgestempelt zu werden. Der Wert des Menschen wird zunehmend an Leistung und Effizienz gemessen.

Gesellschaftliche und ethische Herausforderungen

Der Transhumanismus stellt die Gesellschaft vor immense ethische Herausforderungen:

- **Wer bestimmt über die Grenzen technischer Eingriffe?** Wer entscheidet, was „Verbesserung" bedeutet und wer Zugang dazu erhält?

- **Wie schützen wir die Menschenwürde und individuelle Freiheit?** Wie bewahren wir Autonomie in einer Welt, in der Körper und Geist technisch manipulierbar sind?

- **Was wird aus dem Menschen als natürlichem Wesen?** Welche Bedeutung hat „Menschlichkeit", wenn die biologische Grundlage verändert oder ergänzt wird?

Philosophen wie Francis Fukuyama warnen davor, dass die Hybris, Gott spielen zu wollen, eine gefährliche Illusion sei. Bioethiker wie Leon Kass betonen, dass technologische „Verbesserungen" den Kern dessen zerstören könnten, was uns als Menschen ausmacht.

Fallbeispiel Neuralink: Zwischen Heilung und Kontrolle

Neuralink steht exemplarisch für die Ambivalenz des Transhumanismus. Das Ziel, Krankheiten wie Alzheimer oder Querschnittslähmung zu heilen, ist nobel und vielversprechend. Die Vision, Menschen mit Computern zu vernetzen, eröffnet neue Dimensionen der Kommunikation und Leistungssteigerung.

Doch die Risiken sind immens: Die Implantate könnten zur Überwachung und Manipulation genutzt werden. Wer garantiert, dass Regierungen oder Konzerne diese Technologie nicht missbrauchen? Die Grenze zwischen Hilfe und Kontrolle ist fließend.

Philosophische Gegenpositionen

Nicht alle sehen im Transhumanismus eine erstrebenswerte Entwicklung. Vertreter der sogenannten „Humanistischen Bioethik" plädieren für den Schutz der menschlichen Natur und warnen vor einer „technologischen Entfremdung".

Sie betonen, dass menschliche Schwäche, Verletzlichkeit und Endlichkeit wichtige Elemente des Lebens sind, die durch technische Eingriffe nicht einfach eliminiert werden dürfen. Diese Sicht fordert eine kritische Reflexion der technologischen Fortschritte – nicht nur als Möglichkeit, sondern auch als Risiko.

Fazit

Der Transhumanismus markiert eine tiefgreifende technologische Kolonisierung des Körpers, die weit über medizinische Heilung hinausgeht. Digitale Identitäten, Genmanipulation,

Cyborg-Technologien und der Optimierungswahn verändern unser Verständnis von Menschsein grundlegend.

Diese Entwicklungen bieten Chancen, bergen aber auch immense Risiken für Freiheit, Identität und soziale Gerechtigkeit. Es liegt an uns, diesen Wandel kritisch zu begleiten und die Würde des Menschen als unveräußerliches Gut zu bewahren – jenseits von technologischem Fortschrittsglauben und Kontrollwahn.

KAPITEL 25: WEITERE PERVERSIONEN DES SYSTEMS – VON ÜBERWACHUNG BIS SOZIALKREDITSYSTEM

Während viele Menschen noch glauben, sie lebten in einer freien Gesellschaft, ist längst ein System installiert, das subtil, effizient und nahezu lückenlos Kontrolle ausübt. Es ist ein System, das nicht mit Ketten arbeitet, sondern mit Gewöhnung, Komfort und scheinbarer Fürsorge. Ein System, das den Menschen überwacht, steuert und formt – nicht nur von außen, sondern bis tief hinein in sein Selbstbild. Es trägt viele Namen: Sicherheit, Fortschritt, Digitalisierung, Nachhaltigkeit. Doch hinter diesen wohlklingenden Begriffen verbergen sich Überwachungsarchitekturen, algorithmische Manipulation und eine zunehmende Umwandlung des Menschen in ein berechenbares, steuerbares Objekt.

Der gläserne Bürger: Wie totale Überwachung zur neuen Normalität wurde

Die umfassende Überwachung beginnt nicht erst mit dem Smartphone oder dem Überwachungskamera-Netz in Innenstädten. Sie beginnt im Kopf – mit der Akzeptanz, dass Kontrolle „notwendig" sei. Im Namen der Sicherheit, der Pandemie-Bekämpfung, des Umweltschutzes oder der sozialen Gerechtigkeit wird die Privatsphäre Stück für Stück geopfert.

Beispiel China: Dort ist das Social Credit System längst Realität. Jeder Schritt, jede Zahlung, jedes Verhalten wird registriert, bewertet und in einen Punktewert übersetzt. „Gutes" Verhalten wie Steuerpünktlichkeit, regimefreundliche Posts oder soziale Hilfsbereitschaft führen zu Belohnung – Reisefreiheit, Jobvorteile oder Kredite. Wer „schlechtes" Verhalten zeigt – etwa Regierungskritik äußert, Schulden macht oder sich mit „falschen" Personen trifft – verliert Punkte. Die Strafen: Reisesperren, Kontoentzug, Stigmatisierung.

Was in China offensiv installiert wurde, zieht im Westen schleichend ein – durch digitalisierte Verwaltung, Gesichtserkennung im öffentlichen Raum, „intelligente" Stadtentwicklung (Smart Cities) und bargeldlose Zahlungsmodelle. Die EU arbeitet bereits an einer einheitlichen digitalen Identität, die in allen Lebensbereichen genutzt werden soll – vom Bankkonto über Reisen bis zur Gesundheitsversorgung. Der Mensch wird so zum ständig überwachten, transparenten Subjekt in einer Welt ohne Rückzugsort.

Der Algorithmus als Richter: Wie künstliche Intelligenz unser Denken formt

Noch perfider als die äußere Überwachung ist die subtile Steuerung des Denkens. Täglich interagieren Milliarden Menschen mit Plattformen wie Google, Facebook, Instagram, YouTube oder TikTok. Was sie dort sehen, wird von Algorithmen entschieden. Diese sind nicht neutral, sondern folgen wirtschaftlichen und ideologischen Interessen.

Die Filterblasen, in denen sich viele bewegen, verzerren die Realität. Wer nach „Impfung" sucht, bekommt ein ganz anderes Weltbild präsentiert als jemand, der nach „Impfschaden" googelt. Die Algorithmen fördern Inhalte, die emotionalisieren, spalten und polarisieren – denn das bringt mehr Klicks, mehr Daten, mehr Profit. In dieser digitalen Architektur wird der Mensch nicht mehr informiert, sondern konditioniert.

Die Technikplattformen behaupten, sie seien lediglich „neutraler Mittler". In Wahrheit übernehmen sie eine redaktionelle, steuernde Funktion – sie entscheiden, was sichtbar ist, was verschwindet, was gelöscht wird. In Zusammenarbeit mit Regierungen, „Faktencheckern" und NGOs entsteht ein Meinungskorridor, der Abweichung mit Deplattformierung, Diffamierung oder digitaler Unsichtbarkeit bestraft.

Die psychologische Umprogrammierung: Nudging, Trigger und Dauerstress

Ein weiteres Werkzeug der Kontrolle ist das sogenannte „Nudging" – das sanfte Anstupsen zu gewünschtem Verhalten. Diese Technik stammt aus der Verhaltensökonomie und wird heute von Regierungen und Unternehmen eingesetzt, um Menschen unbewusst zu beeinflussen. Die Wahl der Menüanordnung in einer Kantine, die farbliche Gestaltung von Warnhinweisen oder die digitale Führung durch Formulare – alles kann so gestaltet werden, dass das gewünschte Ergebnis fast automatisch entsteht.

Die permanente Reizüberflutung durch Push-Benachrichtigungen, Werbung, Clickbait und Alerts sorgt zusätzlich für einen Zustand chronischer innerer Unruhe. Wer ständig reagiert, kommt nie zur Ruhe. Dieser Zustand macht empfänglicher für Manipulation – denn gestresste, müde Menschen hinterfragen weniger. Die psychologische Waffe ist nicht der Schlagstock, sondern der Dopamin-Kick im Feed. Die Menschen werden nicht mehr gezwungen – sie lassen sich bereitwillig führen.

Die Ökonomisierung des Lebens: Mensch als Ressource, Beziehung als Produkt

Ein weiteres Symptom der systemischen Perversion ist die vollständige Ökonomisierung aller Lebensbereiche. Der Mensch wird zunehmend als Ressource betrachtet: Seine Zeit wird „vermarktet", seine Aufmerksamkeit „verkauft", seine Daten „verwertet".

Auch Beziehungen sind nicht mehr frei – sie werden algorithmisch organisiert, wie bei Tinder, und auf Leistung getrimmt. Die Familie wird ersetzt durch Verträge, Betreuungseinrichtungen und Dienstleistungen. Elternschaft, Pflege, Bildung – alles wird ausgelagert, quantifiziert, funktionalisiert. Liebe, Freundschaft, Zusammenhalt werden zunehmend ersetzt durch Convenience, Dienstleistung und transaktionales Denken.

Die Natur des Menschen – seine Spontaneität, seine Tiefe, sein Geheimnis – hat in diesem Raster keinen Platz. Was nicht messbar ist, gilt als irrelevant. Und so wird das Leben Schritt für Schritt entzaubert und reduziert auf „optimierte Prozesse".

Die Indoktrination durch Bildungs- und Kulturindustrie

Die staatliche Bildung ist längst kein neutraler Ort mehr. Kindergärten, Schulen und Universitäten sind zu ideologischen Räumen geworden, in denen Normen, Weltbilder und „richtige" Haltungen vermittelt werden – nicht durch offene Debatte, sondern durch Erziehung zur Konformität.

Gender-Ideologie, Klimapanik, EU-Begeisterung, Trans-Hype, Antirassismus und Diversity – all diese Themen werden nicht mehr kritisch diskutiert, sondern als moralisch bindend präsentiert. Wer widerspricht, gilt schnell als rückständig, gefährlich oder sogar als extremistisch.

Auch die Kulturindustrie, von Netflix bis zur Popmusik, transportiert subtile Narrative: klassische Rollenbilder werden dekonstruiert, Männlichkeit dämonisiert, Weiblichkeit sexualisiert, Religion lächerlich gemacht, Nationalbewusstsein verteufelt. Wer sich dem entzieht, wirkt wie ein Fremdkörper – dabei schützt er lediglich seine eigene Integrität.

Der Mensch als Produktionsfaktor in einer vernetzten Maschine

Zusammengenommen zeigt sich ein erschreckendes Bild: Der Mensch wird in einer neuen Form der digitalen Diktatur funktionalisiert. Er ist nicht mehr souveränes Wesen, sondern ein Rädchen im Getriebe – gläsern, steuerbar, auswertbar.

Das System ist nicht mehr lokal, sondern global vernetzt – NGOs, supranationale Organisationen, Konzerne und Staaten wirken Hand in Hand. Ziel ist ein steuerbarer, vorhersehbarer und „kompatibler" Mensch. Individualität, Eigenverantwortung und Freiheit stören nur.

Und das Perfide daran: Die Mehrheit macht mit – freiwillig. Aus Angst, aus Gewohnheit, aus Bequemlichkeit. Der Mensch passt sich an, bis er sich selbst nicht mehr erkennt.

Fazit: Die letzte Bastion ist das Bewusstsein

Was uns bleibt, ist das Bewusstsein. Wer erkennt, wie subtil das Netz der Kontrolle gestrickt ist, kann sich innerlich entziehen – durch kritisches Denken, durch Selbstverantwortung, durch radikale Wahrhaftigkeit. Nicht alle lassen sich konditionieren. Nicht alle lassen sich kaufen. Nicht alle geben sich auf.

Das System ist stark – aber nicht unbesiegbar. Es braucht unser Einverständnis, unsere Mitwirkung, unsere Unterwerfung. Wenn wir sie verweigern, beginnt die eigentliche Revolution.

KAPITEL 26: DIE SCHATTENREGIERUNG – EU-DIKTATUR, WHO-PAKT UND GLOBALE KRIEGSTREIBEREI

„Demokratie ist, wenn das Volk wählt. Diktatur ist, wenn das Ergebnis schon feststeht."

Was die meisten Bürger noch immer für eine demokratische Struktur halten, ist längst zu einem undurchsichtigen Macht-komplex verkommen, der mit Demokratie kaum noch etwas zu tun hat. Hinter der Fassade von Flaggen, Plenarsälen und medial inszenierten Gipfeln agieren Gestalten, die niemand gewählt hat – und die dennoch mehr Macht über unser Leben besitzen als jedes nationale Parlament. Die Europäische Union, die WHO, das Weltwirtschaftsforum und die Bilderberger sind keine Verschwörungstheorien. Sie sind Verschwörungspraxis – und zwar ganz offiziell.

Brüssel – Hauptstadt des Lobbyismus

Die Europäische Union ist heute das Paradebeispiel für die Entkernung demokratischer Mitbestimmung. An der Spitze steht die Europäische Kommission – ein Gremium aus politi-schen Funktionären, das Gesetze vorschlägt und maßgeblich gestaltet. Dieses Gremium ist nicht vom Volk gewählt. Es ist eingesetzt. Der „Kommissionspräsident" – derzeit Ursula von der Leyen – wird nicht durch direkte Wahl legitimiert, sondern durch einen Kuhhandel im Hinterzimmer.

Von der Leyen selbst ist eine politische Karrierefrau mit schwerem Gepäck. Noch als Verteidigungsministerin in Deutschland war sie in zahlreiche Affären verwickelt: Millionen für externe Berater, Beraterverträge an Freunde und Vettern-wirtschaft, dazu teure Prestigeprojekte mit militärisch zweifelhafter Relevanz. Doch nichts davon konnte ihre Karriere aufhalten – im Gegenteil: Sie wurde wegbefördert nach Brüssel. Dort stieg sie zur mächtigsten Frau Europas auf – ohne Wahl, ohne Debatte, ohne Legitimation durch das Volk.

Ihr Umgang mit der Impfstoffbeschaffung in der Corona-Krise war ein Skandal von historischem Ausmaß. Verträge in Milliardenhöhe wurden unter völliger Geheimhaltung abgeschlossen, viele davon mit dem Konzern Pfizer. Der Schriftverkehr – insbesondere SMS mit dem Pfizer-CEO Albert Bourla – wurde nie offengelegt. Als das EU-Parlament Aufklärung verlangte, verschwanden die Nachrichten. Offiziell „nicht mehr auffindbar". Eine Verhöhnung jeder Rechenschaftspflicht. Kein Gericht, keine Kommission, kein Medium hat es vermocht, diese Vertuschung zu durchbrechen. Warum? Weil die EU-Spitze sich selbst schützt. Denn wer dort einmal angekommen ist, bewegt sich in einer Parallelwelt – unantastbar, unangreifbar, ungewählt.

Die Profiteure dieses Systems sind zahllos: Lobbyisten, Berater, Pharma-Riesen. Während Bürger Maskenpflichten, Lockdowns und Impfzwänge erdulden mussten, verdienten Unternehmen wie BioNTech, Pfizer, Roche und andere zweistellige Milliardenbeträge. Politische Entscheider wiederum fanden sich auf Gehaltslisten von Beraterfirmen wieder – wie etwa Karl Lauterbach bei „Boston Consulting" oder „McKinsey", das eng mit der EU-Kommission kooperiert. Korruption ist kein Ausrutscher – sie ist Struktur.

Christine Lagarde: Verurteilte an der Spitze der EZB

Ein weiterer Tiefpunkt: Christine Lagarde, derzeit Chefin der Europäischen Zentralbank (EZB), wurde 2016 in Frankreich wegen „fahrlässiger Amtsführung" schuldig gesprochen. Sie hatte als französische Finanzministerin öffentliche Gelder (über 400 Millionen Euro) in einer dubiosen Schlichtung mit

dem Unternehmer Bernard Tapie genehmigt. Verurteilt – aber
ohne Strafe. Eine „milde" Entscheidung, die den Weg frei-
machte für die nächste Stufe der Karriereleiter: EZB-Präsiden-
tin. Heute entscheidet sie über die Zinspolitik, über Enteig-
nung durch Inflation und über die Einführung des digitalen
Euros. Eine verurteilte Politikerin an der Spitze der europäischen Geldpolitik – und niemand protestiert.

Die WHO: Gesundheitsdiktatur durch Vertrag

Was die EU mit Gesetzgebung macht, übernimmt die Weltgesundheitsorganisation (WHO) im Bereich der Gesundheitspolitik. Was harmlos klingt, ist in Wahrheit der Versuch, eine
globale medizinische Autorität zu etablieren, die Nationalstaaten entmachtet.

Im Jahr 2024 wurden die sogenannten **Internationalen
Gesundheitsvorschriften (IHR)** überarbeitet – auf Druck
von Konzernen, NGOs und Staaten wie Deutschland. Diese
Änderungen räumen der WHO im Falle eines „gesundheitli-
chen Notfalls" umfassende Machtbefugnisse ein: Lockdowns,
Quarantäne, Impfempfehlungen, Reisebeschränkungen – alles
soll zentral beschlossen werden können. Nationale Verfassungen? Stehen dann hinten an.

Hinzu kommt der geplante **Pandemievertrag**, ein rechtlich
bindendes Abkommen, das die Mitgliedsstaaten zu Gehorsam
gegenüber der WHO verpflichtet. Was viele nicht wissen: Die
WHO ist keine neutrale Organisation. Sie wird zu einem erheb-
lichen Teil von privaten Geldgebern finanziert – allen voran
der Bill & Melinda Gates Stiftung. Gates selbst ist Großaktionär
von Impfstoffherstellern. Die WHO ist also nicht nur global,
sondern auch interessengelenkt.

Bilderberger, Davos & Co: Die geheimen Strippenzieher

Über all dem schwebt ein Schattennetzwerk von Eliten, das sich regelmäßig in Luxushotels trifft, abgeschottet von Öffentlichkeit und Medien. Die **Bilderberger-Konferenz** ist seit Jahrzehnten ein Ort, an dem Politiker, Banker, Militärs, Medienbosse und Unternehmer unter Ausschluss der Öffentlichkeit zusammentreffen – um „informell" globale Entwicklungen zu besprechen. Wer daran teilnimmt, weiß, dass dort weder Kameras noch Protokolle erlaubt sind.

Offiziell haben diese Treffen keinen Einfluss. Inoffiziell sind sie der Ort, an dem Karrieren gemacht, Politiken abgestimmt und Narrative definiert werden. Wer dort eingeladen wird – wie Olaf Scholz, Angela Merkel, Jens Spahn oder Ursula von der Leyen – hat den Segen der globalen Elite. Wahlen werden dann nur noch zur Formalie.

Auch das **Weltwirtschaftsforum (WEF)** unter Klaus Schwab ist eine dieser Institutionen. Unter dem Motto „Great Reset" wird dort die komplette Umstrukturierung der Weltwirtschaft propagiert: Abschaffung des Eigentums („You will own nothing and be happy"), Digitalisierung aller Lebensbereiche, Einführung digitaler Identitäten, Bargeldverbot. Und wer sind die Gesichter dieser Bewegung? Justin Trudeau, Emmanuel Macron, Annalena Baerbock – allesamt „Young Global Leaders" des WEF. Zufall?

Krieg, Klima, Kontrolle – die neue Agenda

Die EU ist längst zur Durchsetzungsmaschine globaler Interessen geworden – ob bei der Klimapolitik, der Migrationsagenda oder der Militarisierung. In den letzten Jahren wurde die EU massiv aufgerüstet: Waffenlieferungen in Kriegsgebiete (Ukraine), Zensurgesetze gegen sogenannte „Desinformation", strenge CO_2-Vorgaben für Bauern und Mittelstand. Wer davon

profitiert, ist klar: Großkonzerne, Energieriesen, Rüstungsin-
dustrie.

Die Bürger zahlen die Zeche: Inflation, Energiemangel, Migra-
tionsdruck, Wohnungsnot. Doch Kritik wird mundtot gemacht
– durch Gesetze, durch Framing, durch Verleumdung.

Fazit: Europa wird nicht regiert, es wird verwaltet

Wir erleben keine Demokratie, sondern eine technokratische
Verwaltung des Menschen durch Institutionen ohne Herz, ohne
Bodenhaftung, ohne Gewissen. Ursula von der Leyen, Christine
Lagarde, die WHO, das WEF, die Bilderberger – sie alle agieren
in einer Blase fernab jeder Bürgerbeteiligung. Und sie tun es mit
einem Ziel: Kontrolle.

Es ist Zeit, das Offensichtliche zu sagen: Diese EU schützt keine
Werte – sie schützt ihre Macht. Sie schützt keine Menschen – sie
schützt Konzerne. Sie schützt keine Demokratie – sie verwaltet
eine Illusion.

Der Weg zurück beginnt mit der Wahrheit.

Glossar zu Kapitel 26

EZB (Europäische Zentralbank):

Zentralbank der Eurozone mit Sitz in Frankfurt. Verantwortlich für Geldpolitik, Zinssätze und Stabilität des Euros. Aktuelle Präsidentin: Christine Lagarde.

IHR (International Health Regulations / Internationale Gesundheitsvorschriften):

Völkerrechtlich bindende Vereinbarungen der WHO-Mitgliedsstaaten zur Koordination von Maßnahmen bei Gesundheitsbedrohungen. Die neuen Änderungen 2024 erweitern die WHO-Befugnisse massiv.

Pandemievertrag (WHO):

Ein geplanter internationaler Vertrag zur besseren Reaktion auf Pandemien, der der WHO umfassende Entscheidungsgewalt in globalen Krisen geben würde. Kritisiert als Einstieg in eine Gesundheitsdiktatur.

WHO (Weltgesundheitsorganisation):

Sonderorganisation der UNO für Gesundheitsthemen. Stark finanziert durch private Stiftungen wie die Bill & Melinda Gates Foundation.

WEF (World Economic Forum):

Privat organisierter Think-Tank mit Sitz in Davos. Veranstaltet jährlich das Weltwirtschaftsforum mit Eliten aus Politik, Wirtschaft und Medien. Begründer des Konzepts „Great Reset".

Bilderberger-Konferenz:

Geheimes Treffen von Eliten aus Politik, Wirtschaft und Medien. Keine öffentliche Agenda, keine Protokolle. Kritisiert als intransparentes Machtgremium.

Digital Services Act (DSA):

EU-Gesetzespaket zur Regulierung digitaler Plattformen. Offiziell für „Sicherheit und Transparenz", faktisch aber auch zur Zensur von sogenannten „Desinformationen" genutzt.

Young Global Leaders:
Förderprogramm des WEF für Nachwuchspolitiker und Unternehmer. Viele heutige Spitzenpolitiker sind Teil dieser Kaderschmiede.

Lobbyismus:
Versuch von Konzernen und Interessengruppen, durch persönlichen Einfluss auf Gesetzgebung und politische Entscheidungen einzuwirken – in Brüssel systemisch verankert.

Inflation:
Geldentwertung durch Ausweitung der Geldmenge oder künstliche Marktverzerrung. In der EU oft durch EZB-Zinspolitik und hohe Staatsverschuldung verschärft.

Quellenverzeichnis (Auswahl & öffentlich zugänglich)

1. **EU-Verträge & Kommission:**
   https://europa.eu/european-union/about-eu/institutions-bodies/european-commission_de

2. **WHO – Internationale Gesundheitsvorschriften (IHR):**
   https://www.who.int/publications/i/item/9789241580496

3. **Geheime Pfizer-SMS von Ursula von der Leyen:**
   Berichte u. a. in: *Politico Europe*, *Tagesschau.de*, *ZDF Frontal* (2023)

4. **Christine Lagarde – Verurteilung durch französisches Gericht (2016):**
   Bericht: *BBC News*, *France24*, *FAZ*

5. **Bilderberger-Konferenz – Teilnehmerlisten &**
   Hintergründe:
   https://bilderbergmeetings.org/participants.html

6. **WEF – Young Global Leaders Programm:**
   https://www.weforum.org/young-global-leaders/

7. **Digital Services Act (DSA):**
   https://digital-strategy.ec.europa.eu/en/policies/digit
   al-services-act-package

8. **Pandemievertrag (WHO):**
   Offizielle Infos:
   https://www.who.int/news-room/questions-and-
   answers/item/pandemic-treaty

9. **Kritik an Ursula von der Leyen – Berateraffäre:**
   Berichterstattung z. B. in: *Der Spiegel*, *Süddeutsche
   Zeitung*, *NDR*

10. **WEF – Great Reset Programm:**
    https://www.weforum.org/great-reset

KAPITEL 27: *EINE WELT, EIN SYSTEM – DER GRIFF NACH GLOBALER KONTROLLE*

In den letzten Jahren verdichtet sich ein Bild, das viele lange als „Verschwörungstheorie" abgetan haben: Die schleichende Etablierung einer *globalen Steuerung*, gelenkt von supranationalen Organisationen, privaten Machtclustern und durchdigitalisierten Kontrollmechanismen. Wer glaubt, dass souveräne Staaten noch frei über ihre Zukunft entscheiden, sieht sich getäuscht. Die Wahrheit ist unbequemer – und bedrohlicher.

Die Fassade der Demokratie – Regiert wird woanders

Die meisten Bürger glauben, dass Parlamente Gesetze machen, Regierungen über nationale Interessen wachen und die Verfassung ein Bollwerk gegen Machtmissbrauch sei. Doch in der Praxis werden zentrale Weichenstellungen längst *nicht mehr national getroffen*. Entscheidungen zu Klima, Pandemie, Finanzen, Migration oder Meinungsfreiheit entstehen *hinter verschlossenen Türen* – etwa in Brüssel, Davos, Genf oder Washington. Parlamente nicken ab, was supranationale Instanzen bereits beschlossen haben.

Institutionen wie die **Europäische Kommission**, die **Weltgesundheitsorganisation (WHO)** oder das **World Economic Forum (WEF)** beanspruchen Deutungsmacht und Handlungsvollmacht – *ohne direkte demokratische Legitimation*.

WHO, WEF, UN – Die neue Achse der globalen Governance

Die WHO tritt seit 2020 offen als *quasi-regierende Gesundheitsbehörde* auf. Mit den **überarbeiteten Internationalen Gesundheitsvorschriften (IHR)** und dem geplanten **Pandemievertrag** soll sie in künftigen „Krisen" notstandsmäßige

Befugnisse über ihre Mitgliedsstaaten erhalten: Impfpflichten, Reiseverbote, Zensur medizinischer Informationen – *nicht mehr von Staaten beschlossen, sondern zentral von Genf aus verordnet.*

Das WEF, gegründet von Klaus Schwab, spielt parallel eine Art Meta-Regierung. Mit Initiativen wie dem **„Great Reset"**, dem **„Global Redesign Initiative"** oder dem **„Centre for the Fourth Industrial Revolution"** beeinflusst es Politik, Technologie, Wirtschaft – und das Denken ganzer Generationen. Dabei agiert das WEF nicht neutral, sondern in enger Verzahnung mit Mega-Konzernen, Big Pharma, Tech-Giganten und Mediennetzwerken.

Auch die **UN** hat ihre Rolle stark verändert. Vom friedenssichernden Gremium zur globalen NGO-Zentrale, deren Suborganisationen wie UNICEF, UNHCR oder UN Women politische Agenden umsetzen – oft unter dem Deckmantel humanitärer Hilfe.

ESG-Ratings – Die neue Weltreligion der Konformität

Ein besonders perfides Instrument zur globalen Steuerung ist das System der **ESG-Ratings**. ESG steht für „Environmental, Social, Governance". Unternehmen, Banken und bald auch Privatpersonen sollen künftig nach diesen Kriterien bewertet werden:

- **E**: Wie klimafreundlich ist jemand?

- **S**: Wie sehr unterstützt jemand Diversität, Gender, Inklusion?

- **G**: Wie transparent und regelkonform wird „geführt"?

Was nach ethischer Verantwortung klingt, ist in Wahrheit ein **sozialtechnisches Bewertungssystem**, mit dem Konzerne und Bürger zur *Anpassung an eine globale Ideologie* gezwungen werden. Wer schlechte ESG-Werte hat, bekommt keinen Kredit mehr, keine Förderung – oder verliert Marktanteile. Wer „gute" Werte hat, wird belohnt.

Dieses Rating-System bereitet den Weg für **Sozialkreditsysteme nach chinesischem Vorbild**. In China ist bereits Realität, was hier als „Verschwörung" belächelt wird: Wer sich falsch verhält, kann kein Flugticket mehr kaufen, verliert den Zugang zu Bildung, Wohnungen oder Versicherungen.

Digitale Identität und totale Nachverfolgbarkeit

Herzstück dieser neuen Ordnung ist die **digitale Identität**. Unter dem Vorwand von Effizienz, Sicherheit und Bequemlichkeit sollen künftig alle Bürger eine zentrale ID erhalten – verknüpft mit Gesundheitsdaten, Bankkonten, Online-Aktivitäten und Sozialverhalten.

Die EU hat 2023 das Pilotprojekt zur **EU Digital Identity Wallet** gestartet. Auch die WHO und die UN treiben vergleichbare Systeme voran. Microsoft, Mastercard und die Rockefeller Foundation arbeiten über die NGO **ID2020** an einer weltweiten Einführung solcher Identitätssysteme.

Ziel ist ein Zustand, in dem *alles, was du tust, erfasst, bewertet und im Zweifel sanktioniert werden kann*. Wer zu viel „falsche" Information teilt, CO_2-intensive Reisen unternimmt oder sich Impfprogrammen widersetzt, könnte künftig vom System ausgeschlossen werden.

Der Angriff auf die nationale Souveränität

Während all dies geschieht, **verblassen die Nationalstaaten**. Die EU untergräbt systematisch die Selbstbestimmung ihrer Mitglieder. Nationale Verfassungen werden durch EU-Verordnungen übersteuert. Gesetze entstehen in Kommissionen, an denen demokratisch gewählte Bürger nicht teilnehmen dürfen. Selbst das Bundesverfassungsgericht in Karlsruhe musste bereits einräumen, dass „die Integration in die EU keine Schranken mehr kennt".

Gleichzeitig geben viele Staaten freiwillig Macht ab: an die WHO, an die UN, an das WEF, an IWF und Weltbank. Aus demokratischen Gesellschaften werden „Verwaltungseinheiten" im Dienste einer globalen Ordnung.

Diese Ordnung kennt *keine gewählten Vertreter mehr*, sondern funktioniert über *Expertenräte, Public-Private-Partnerships, Algorithmen und Notstandsregime*. Die Pandemie diente hier als Blaupause. Der Klimanotstand wird folgen. Die Kontrolle wird bleiben.

Die Strippenzieher – BlackRock, Vanguard, NGOs

Hinter den Kulissen ziehen wenige *ultrareiche Investmentfirmen* die Fäden. **BlackRock**, **Vanguard** und **State Street** kontrollieren durch ihre Beteiligungen praktisch alle relevanten Branchen: Pharma, Medien, Nahrungsmittel, Waffen, Energie. Sie haben Zugang zu Regierungen, Zentralbanken und globalen Organisationen.

NGOs wie die **Open Society Foundation**, die **Bill & Melinda Gates Foundation** oder das **Forum Alpbach** wirken als ideologische und finanzielle Multiplikatoren. Sie sind nicht demokratisch legitimiert – und doch erhalten sie direkten Zugang zu politischen Entscheidern, Bildungseinrichtungen und internationalen Gremien.

Krieg, Angst und Dauerkrise als Motoren des Systems

Der Griff nach globaler Kontrolle funktioniert nicht ohne Angst. Die Erzählungen wechseln: Virus, CO_2, Krieg, KI. Doch das Prinzip bleibt: Dauerkrise → Ausnahmezustand → Abgabe von Rechten → neue Norm.

Die EU agiert dabei längst nicht mehr friedensstiftend, sondern als *militärisch-wirtschaftliche Machtinstanz*. Die Aufrüstung unter dem Vorwand der „Verteidigung" und die moralische Kriegsrhetorik gegen Russland oder andere „Schurkenstaaten" zeigen: Der Westen braucht den Feind, um das eigene System der Kontrolle aufrechtzuerhalten.

Ausblick – Der letzte Vorhang

Was hier entsteht, ist keine Verschwörung, sondern ein System. Es ist kühl, digital, alternativlos verpackt – und zutiefst autoritär. Wer davon profitiert, sitzt nicht in Brüssel oder Berlin, sondern in Think-Tanks, Investmentfirmen, Stiftungsvorständen und Privatjets.

Die einzige verbliebene Grenze zwischen Mensch und Maschine, Freiheit und Gehorsam, Wahrheit und Propaganda ist der Einzelne – der sich entscheidet, *nicht mehr mitzuspielen*.

Im nächsten Kapitel geht es genau darum: Wie wir uns aus diesem Netz befreien können. Wie wir wieder souverän werden. Und warum Widerstand nicht nur legitim ist, sondern notwendig.

Glossar zu Kapitel 27

Global Governance

Ein System der Weltsteuerung, in dem nationale Regierungen zunehmend Kompetenzen an supranationale Organisationen, private Stiftungen oder internationale Gremien abgeben. Kritisiert wegen mangelnder demokratischer Legitimation.

WHO (Weltgesundheitsorganisation)

Eine Unterorganisation der UN mit Sitz in Genf. Sie soll weltweite Gesundheit koordinieren, agiert jedoch zunehmend politisch. Kritisiert wird ihre enge Verbindung zu privaten Geldgebern wie der Gates-Stiftung.

WEF (World Economic Forum)

Privat gegründetes Forum unter Leitung von Klaus Schwab. Veranstaltet jährliche Eliten-Treffen in Davos. Hauptinitiator der Programme „Great Reset" und „Vierte Industrielle Revolution".

ESG-Ratings

System zur Bewertung von Unternehmen und bald auch Privatpersonen nach Umwelt-, Sozial- und Führungsstandards (Environmental, Social, Governance). Kritisiert als ideologisches Steuerungsinstrument.

Digitale Identität (Digital ID)

Eine zentrale digitale Akte eines Menschen, die staatliche und private Daten wie Impfhistorie, Kontoinformationen, Kreditstatus, Reisedaten u. v. m. verknüpfen soll. Basis für potenzielle Sozialkreditsysteme.

ID2020

Ein Zusammenschluss von Tech-Konzernen, NGOs und Regierungen zur Einführung globaler digitaler Identitäten. Beteiligte Partner u. a.: Microsoft, GAVI, Rockefeller Foundation.

Sozialkreditsystem

Ein aus China bekanntes System zur Bewertung von Bürger-
verhalten. Fehlverhalten wie kritische Äußerungen, verspätete
Zahlungen oder unpassende Kontakte führen zu Einschränkungen im Alltag.

BlackRock / Vanguard

Die größten Vermögensverwalter der Welt. Kontrollieren durch
Beteiligungen bedeutende Anteile fast aller globalen Konzerne
in Pharma, Medien, Rüstung, Energie und IT.

Great Reset

WEF-Initiative, die eine globale Transformation in Richtung
Nachhaltigkeit, Digitalisierung, Inklusion und wirtschaftlicher
Neugestaltung nach Covid-19 fordert. Kritiker sehen darin
technokratische Gleichschaltung.

Brüssel

Sitz der wichtigsten Organe der EU. Symbol für undurchsichti-
ge Gesetzgebung, Lobbyismus und zunehmenden Machtver-
lust nationaler Parlamente.

Quellenverzeichnis zu Kapitel 27

(Eine Mischung aus offiziellen Dokumenten, Primärquellen und kritischen Autoren – zur Orientierung und Vertiefung)

1. **Weltgesundheitsorganisation (WHO)**

   - Internationale Gesundheitsvorschriften (IHR) – https://www.who.int/health-topics/internatio nal-health-regulations

   - WHO Pandemic Accord Draft 2024

2. **World Economic Forum (WEF)**

   - Klaus Schwab: *The Great Reset* (2020)

   - WEF Agenda Archive – https://www.weforum.org/agenda/

3. **UN / UNDP / UNICEF / WHO**

   - UN Sustainable Development Goals – https://sdgs.un.org/goals

   - WHO-Gates-Funding Overview – WHO Transparency Database

4. **ID2020 & Digitale Identität**

   - https://id2020.org/alliance

   - Microsoft / Rockefeller Foundation: Digital Identity Blueprint

5. **EU Digital Identity Wallet**

- EU-Kommission, EUDI-Pilotprojekt – https://digital-strategy.ec.europa.eu/en/policies/eu-wallet

6. **ESG-Ratings**

- BlackRock ESG Integration Guidelines

- MSCI ESG Metrics – https://www.msci.com/our-solutions/esg-investing

7. **BlackRock / Vanguard / State Street**

- Fichtner, Heemskerk & Garcia-Bernardo (2017): *Hidden Power of the Big Three*, Business and Politics Journal

- BlackRock Annual Report (2023)

8. **Kritische Analysen**

- Ernst Wolff: *Weltmacht IWF* (2011)

- Norbert Häring: *Schöne neue Welt 2030* (2021)

- Gabriele Krone-Schmalz: *Respekt geht anders* (2022)

KAPITEL 28: ZURÜCK IN DIE FREIHEIT – WEGE AUS DER SYSTEMMATRIX

In einer Welt, in der Überwachung, Bevormundung und globale Gleichschaltung zur Normalität geworden sind, stellt sich eine zentrale Frage: **Wie entkommt man dem alles durchdringenden Zugriff?** Wie bewahrt man sich Freiheit, Menschlichkeit, Würde – jenseits von digitalem Zwang, ideologischer Uniformität und sozialem Druck?

Dieses Kapitel ist keine Utopie. Es ist eine Einladung zur Rückbesinnung. Auf das, was uns wirklich stark macht: Gemeinschaft, Natur, Wahrheit und die Entscheidung, *nicht mehr mitzumachen*. Es geht nicht um Flucht – es geht um **Rückeroberung**. Ein Leben außerhalb der Matrix ist möglich. Aber es verlangt Klarheit, Mut – und echte Schritte.

1. Gemeinschaft statt Vereinzelung

Der erste Ausweg beginnt im Kleinen: **in echten menschlichen Beziehungen**. Die Systemmatrix lebt von der Isolation, vom Misstrauen, vom Digitalen statt Realen. Der Schlüssel zur Unabhängigkeit liegt in **regionalen Netzwerken**, **autonomen Gemeinschaften** und **solidarischen Nachbarschaften**.

🌿 *Baue Verbindungen zu Menschen auf, die ähnlich denken. Gründe Tauschkreise, Gemeinschaftsgärten, Wohnprojekte oder regionale Versorgungsnetzwerke.*

Gemeinschaft ist kein Luxus. In der Krise ist sie Überlebensstrategie. Wer andere hat, mit denen er Ressourcen teilt, Wissen austauscht und Aufgaben verteilt, wird dezentral organisiertes Leben macht unabhängig – vom System, vom Markt, vom Staat.

2. Autarkie & Selbstversorgung: Weniger brauchen, mehr leben

Die Matrix hat eine Schwäche: Sie funktioniert nur bei völliger **Abhängigkeit**. Wer selbst Wasser filtert, Gemüse zieht, Feuer macht, Strom erzeugt oder Kleidung repariert, unterläuft das System.

🔧 *Lerne wieder, selbst zu tun: Brot backen, heizen ohne Gas, Konservieren, Bauen, Heilen mit Kräutern. Autarkie beginnt mit kleinen Schritten.*

Auch Energie- und Wohnalternativen gehören dazu: Solartechnik, Komposttoilette, Tiny House, Off-Grid-Leben – es gibt erprobte Wege, sich Stück für Stück zu entkoppeln. Jeder Meter Autonomie ist ein Schlag gegen die digitale Umklammerung.

3. Informationshygiene: Kopf freimachen

Ein oft unterschätzter Punkt: Die **geistige Matrix**. Wer täglich Mainstreammedien konsumiert, sich auf Social-Media-Algorithmen verlässt oder Expertenmeinungen blind übernimmt, lebt im Kopfgefängnis.

🪨 *Radikale Informationshygiene bedeutet: abschalten, aussortieren, kritisch prüfen. Folge keiner Quelle, der du nicht traust – auch nicht der eigenen Filterblase.*resilient. Ein

Bücher, alternative Medien, direkte Gespräche, eigene Recherche: Das sind Mittel zur geistigen Befreiung. Der Souverän des Geistes lässt sich nicht mehr hypnotisieren.

4. Rückzug aus Systemstrukturen

Die Systemmatrix braucht deine Zustimmung – und deine
Daten, deine Unterschrift, deine Steuern, dein Mitspielen. Je
weniger du mitmachst, desto freier wirst du.

✖ *Melde dich ab, wo immer es möglich ist: Keine Kunden-
karten, keine staatlichen Bonusprogramme, keine digitalen
Impfpässe, keine Smart-ID.*

Widerstand muss nicht immer laut sein. Oft ist er **passiv,
konsequent, still**. Kein TV. Kein Konsumwahnsinn. Keine
Arbeit für Konzerne, die dich verachten. Kein Einverständnis
zur Selbstentmündigung.

5. Auswandern – der radikale Schritt

Für viele bleibt nur eine Frage: **Gibt es noch Orte der Freiheit?** Ja. Es gibt Länder mit mehr Souveränität, weniger digitaler Überwachung, geringerer Abgabenlast und mehr Respekt
vor dem Menschsein.

🌐 *Ungarn, Paraguay, Georgien, Serbien, Teile der USA, Me-
xiko, Argentinien, Russland – jedes Land hat Vor- und Nach-
teile, aber einige bieten Luft zum Atmen.*

Wer auswandert, muss sich vorbereiten: rechtlich, sprachlich,
wirtschaftlich. Aber er gewinnt ein neues Kapitel – und oft die
Rückkehr zur Selbstbestimmung. Es ist kein Weg für alle –
aber eine Option, die real und machbar ist.

6. Bildung & Kinder – eine neue Generation frei erzie-
hen

Das System beginnt bei den Kindern. Wer sie in staatliche
Schulen, betreute Krippen, ideologische Medienprogramme
gibt, reproduziert die Matrix. Wer sie **frei, bewusst und
naturverbunden erzieht**, unterbricht die Kette.

Freilernen, Homeschooling, alternative Lernorte, Waldgruppen, persönliche Begleitung – es geht darum, die nächste Generation stark und ungehorsam zu machen.

Die Freiheit beginnt nicht beim Staat – sondern bei dir. Und sie beginnt nicht morgen – sondern jetzt.

7. Souveränität leben – nicht fordern

Echte Freiheit wird nicht gewährt. Sie wird **genommen** – durch eigenverantwortliches Handeln, durch Wissen und durch klare Grenzen. Wer souverän ist, tritt als solcher auf: In Sprache, in Haltung, in Konsequenz.

🛡 *Lerne deine Rechte, deine Geschichte, deine Möglichkeiten. Handle nicht als Untertan, sondern als Mensch.*

Wer sich dem System entzieht, braucht keine neue Ideologie – sondern innere Klarheit. Keine Flucht ins Internet, sondern Rückkehr ins Leben. Kein Warten auf Erlöser, sondern **Selbstermächtigung**.

Schlusswort

Dieses Buch endet nicht mit einem Appell, sondern mit einem Angebot: **Mach dich frei. Werde unabhängig. Steig aus.**

Nicht morgen, sondern heute.

Nicht theoretisch, sondern praktisch.

Nicht allein, sondern mit anderen.

Die Matrix lebt von unserer Mitwirkung. Lass sie vertrocknen. **Lebe anders.**

Denn die Freiheit beginnt **da**, wo du **Nein sagst**.

Und sie wächst **da**, wo du **Ja zu dir selbst** sagst.

NACHWORT: IN DUNKLEN ZEITEN – EIN LICHT ENTZÜNDEN

Dieses Buch ist kein Ratgeber. Kein Leitfaden. Kein Trostpflaster.

Es ist eine **Kampfansage**. An die Ohnmacht. An die Lüge. An das große Vergessen.

Wir leben in einer Zeit, in der man dir sagen will, was du zu denken, zu fühlen, zu glauben und zu sein hast. Eine Zeit, in der Maschinen, Algorithmen und Institutionen über Menschen gestellt werden. In der das Wahre zur Verschwörung, das Gesunde zur Gefahr, das Natürliche zur Störung erklärt wird.

Und doch: Es gibt dich. Es gibt uns. Es gibt Menschen, die aufwachen, die nicht mehr mitspielen, die sich erinnern.

An Würde. An Wahrheit. An Freiheit.

„Walden 2.0" ist nicht nostalgisch. Es ist kein Blick zurück in romantische Zeiten, sondern ein Blick **nach vorn** – mit dem Mut zur radikalen Ehrlichkeit und der Sehnsucht nach einem Leben außerhalb der Kontrolle.

Wir brauchen keine Weltregierung, keine Smart Cities, keine digitalen Götter.

Wir brauchen keine uniformierten Kinder, keine konditionierten Männer, keine entkernten Frauen.

Was wir brauchen, ist Rückbindung. An das Echte. An das Lebendige. An das, was uns zu Menschen macht.

Dieses Buch soll dich erinnern:
Du bist kein Produkt. Kein Datensatz. Kein Rädchen. Kein Geschlecht. Kein Impfstatus. Kein Bürger.

Du bist ein Mensch.
Mit Herz. Mit Verstand. Mit Seele.
Und mit der Verantwortung, genau daraus etwas zu machen.

Wenn du nur eine Sache mitnimmst, dann vielleicht diese:

**Freiheit ist kein Zustand. Sie ist eine Entscheidung.
Jeden Tag.**

Danke, dass du diesen Weg mit mir gegangen bist.
Danke, dass du dich erinnerst.

Möge dein Weg frei sein – und **unbeugsam**.

Mara